标准中文

修订版
Revised Edition

第八册
BOOK EIGHT

STANDARD CHINESE

人民教育出版社 课程教材研究所
汉语课程教材研究开发中心 编著

学 校
School ______________________

姓 名
Name ______________________

人民教育出版社
People's Education Press
北京

图书在版编目（CIP）数据

标准中文（修订版）学生用书．第八册 / 人民教育出版社课程教材研究所汉语课程教材研究开发中心编著 .-- 北京：人民教育出版社，2017.8
ISBN 978-7-107-26612-6

Ⅰ．①标… Ⅱ．①人… Ⅲ．①汉语－对外汉语教学－教材 Ⅳ．①H195.4

中国版本图书馆CIP数据核字（2017）第196832号

标准中文 （修订版） 学生用书 第八册

出版发行 人民教育出版社
（北京市海淀区中关村南大街17号院1号楼 邮编：100081）
网 址 http：//www.pep.com.cn
经 销 全国新华书店
印 刷 北京盛通印刷股份有限公司
版 次 2017年8月第1版
印 次 2017年8月第1次印刷
开 本 890毫米 ×1 240毫米 1/16
印 张 14.75
字 数 295千字
定 价 68.00元
Printed in the People's Republic of China

说明

《标准中文》系列教材自1998年与广大学习者见面后，广大教师和学习者对它倾注了厚爱，既充分肯定了这套教材的优点，同时也真诚地提出了宝贵的意见和合理的建议。为了使这套教材更臻完善，更适合广大学习者的需要，我们启动了《标准中文》系列教材的修订工作。

一、《标准中文》（修订版）包括课本9册、教师用书9册、练习册18册、《中文读本》3册（与7—9册课本配套）。每册课本均配有CD-ROM。

二、《标准中文》（修订版）除以中国赴海外留学人员子女、华裔子女为主要对象外，同时也照顾到对中文感兴趣的外国学生的学习需要，面向更广大的学习群体。

三、修订后的教材由原来的每册30课变为每册24课。我们修改了已经过时的课文，增加了适合实际需要和时代发展的新内容，增加了"小博士""魔术箱""词语翻译"等板块，丰富了练习的形式，增加了听说训练、趣味性活动和游戏；加强了汉字教学，适当安排了字理识字、写字等内容，同时重视英语的辅助功能。

四、全套教材要达到的学习目标是：学会汉语拼音，掌握1 800个左右的常用汉字，4 000个左右的常用词，200个左右的基本句；具备初步的听、说、读、写能力，能读相当程度的文章，能写300字左右的短文、书信；具备一定的自学能力，能在使用汉语言文字的地区用中文处理日常事务，最终达到中级汉语水平。

五、本册课本是《标准中文》（修订版）第八册。要求学习者学会245个汉字，530个词语，24个基本句，能用普通话熟读每课的内容，并在日常生活中仿照使用。

六、本册课本共有6个单元，每单元4课，一共24课。每单元的4篇课文均为叙述短文。每课包括“课文”“基本句”“生字”“词语”“练习”等内容。本册生字注汉语拼音。书后附有生字表、词语表和基本句。

总之，《标准中文》（修订版）内容上更加丰富实用，形式上更加灵活有趣。努力增强教材的科学性，始终关注学习者的主体性，使教材富于趣味性，是我们不懈的追求。

人民教育出版社　课程教材研究所

汉语课程教材研究开发中心

2017年5月

Foreword

Since *Standard Chinese* first came out in 1998, the series has received praise from teachers and Chinese language students alike, as well as valuable opinions and suggestions for improvement. Based on this important feedback, a revision of *Standard Chinese* was undertaken to develop a series that would prove even more satisfactory.

The result, *Standard Chinese* (*Revised Edition*), includes nine textbooks, nine teacher's books, eighteen workbooks , three Chinese readers (one for each of the last three textbooks) and a CD-ROM for each textbook.

Standard Chinese (Revised Edition) has broadened its scope to include foreign children interested in learning Chinese, in addition to the original audience of children of Chinese students studying abroad and children of foreigners of Chinese origin.

The revisions, while not changing the basic function of the book, have made some key changes to improve its effectiveness. The number of lessons has been reduced from 30 to 24 in each book. Outdated texts have been removed and replaced with new ones more suited to the needs of today's students and current developments. The addition of numerous small features, such as "The Little Doctor", "The Magic Box" and "Words", as well as a great variety of listening and speaking exercises and games, will, we hope, add to the excitement of learning Chinese. The revised series places an even greater emphasis on the teaching of Chinese characters, gradually introducing the recognition and writing of characters. Throughout the books, English is used as an aid to learning Chinese.

By the end of this series, students are expected to have a good mastery of Chinese *pinyin*, about 1,800 commonly-used Chinese characters, about 4,000 commonly-used words and about 200 basic sentences. In addition, students should have a good control of elementary listening, speaking, reading and writing skills, including the ability to read articles and write short passages or letters of about 300 characters. Throughout the book, students are encouraged to study independently and to practice using Chinese in daily life.

This eighth book of *Standard Chinese (Revised Edition)* presents students with a basic knowledge of 245 Chinese characters, 530 words and expressions and 24 basic sentences. Students are expected to be able to recite all the texts smoothly in Mandarin and to be able to use them in everyday life.

Each of this volume's six units has four lessons, for a total of 24 lessons. The four lessons in each unit are based on narratives .Each lesson includes the following sections: "Text", "Basic Sentences", "Characters","Words" and "Exercise". New characters are transcribed into *pinyin*. The end of the book includes a new character list, a list of words and expressions and a list of basic sentences.

We hope that the content and form of this revised edition of *Standard Chinese* is not only more practical but also more exciting for both teachers and students. As always, we welcome further comments and suggestions for future improvement.

Center for Chinese as a Foreign Language
Curriculum and Teaching Materials Research Institute
People's Education Press
May, 2017

目录
Contents

1 苏珊（Sūshān）的画儿

苏珊满意地端详（xiáng）着自己画的楼梯（lóutī）。这幅画儿明天要参加评奖（píngjiǎng）呢。

“苏珊，”爸爸又在催（cuī）她了，“时间不早了，快去睡吧！”

“好了，好了，再有一笔就画完了。”

但是，就在这个时候，彩笔啪（pā）地一下掉到了纸上，把画儿弄脏了，苏珊哇（wā）地哭了起来。

“怎么了，孩子？”爸爸放下报纸问。

“我的画儿脏了，另画一张也来不及了。”

爸爸仔细地看了看，说：“别哭，孩子。在这儿画一只小花狗，不是很好吗？”

苏珊想了想，笑了。

很快，小花狗就画好了，它正好［zhènghǎo］趴（pā）在楼梯上。这一下显得楼梯更逼（bī）真了。苏珊拍着手叫起来：“爸爸，您的主意真妙！”

“看到了吧，孩子。好多事情并不像我们想象的那么坏。你只要动脑筋(jīn)，坏事往往就会变成好[hǎo]事。”

在第二天的评奖会上，苏珊的画儿得[dé]了第一。同学们都起劲地为她鼓掌，苏珊很高兴。她高兴不光因为得奖，还因为懂得[de]了爸爸讲的那个道理。

她高兴不光因为得奖，还因为懂得了爸爸讲的那个道理。

详楼梯评奖催趴逼筋

1.	满意	mǎnyì	satisfy
2.	端详	duānxiáng	look carefully
3.	楼梯	lóutī	stairs
4.	评奖	píngjiǎng	decide on awards through discussion
5.	催	cuī	urge
6.	报纸	bàozhǐ	newspaper
7.	来不及	láibují	there is not enough time to do something
8.	正好	zhènghǎo	just right
9.	趴	pā	lie on one's stomach
10.	显得	xiǎnde	seem as
11.	逼真	bīzhēn	lifelike
12.	妙	miào	wonderful
13.	并	bìng	actually
14.	脑筋	nǎojīn	brains
15.	往往	wǎngwǎng	often; be apt to
16.	得	dé	get (the prize)
17.	起劲	qǐjìn	vigorous
18.	鼓掌	gǔzhǎng	applaud
19.	不光	bùguāng	not only
20.	懂得	dǒngde	understand

练习 Exercise

一、根据课文，给下面的句子排序。

1. 爸爸给了苏珊一个建议。
2. 苏珊画了一幅画儿。
3. 苏珊的画儿得了第一。
4. 画儿被苏珊弄脏了。

正确的顺序是（　　）（　　）（　　）（　　）

二、根据中文意思写词语。

1. 时间太少，不够做事情 ______
2. 和真的一样 ______
3. 很仔细地看 ______
4. 让别人快点儿做事情 ______
5. 明白 ______

三、选词填空。

乔治的工作是给______（报纸　海报）写文章。他写每篇文章都要动很多______（脑袋　脑筋），写完又改，改完再写，最后还要仔细地______（展示　端详）

很长时间，直到自己完全________（满足　满意）。他的文章很受欢迎，不过他写得太慢啦，________（往往　渐渐）要让老板（lǎobǎn, boss）________（催　推）好几次。老板对他说的最多的一句话是："________（来不及　想不起）了，快一点儿！"

四、读句子，自己再试着说一些。

例：她高兴不光因为得奖，还因为懂得了爸爸讲的那个道理。

1. 哥哥不光当过支教的老师，还________________。
2. 我在海洋公园不光坐了过山车，还________________。
3. 要想拍出好照片，摄影师不光要________________，还要________________。
4. 去世界各地旅游不光能看到美丽的风光，还________。

五、听对话，选择正确答案。

1. 他的画儿怎么样？（　　）

   A. 不太好　　B. 非常好　　C. 我们不知道

2. 昨天她怎么了？（　　）

   A. 得奖了　　B. 鼓掌了　　C. 伤心了

3. 下面哪一项是正确的？（　　）

   A. 时间还早呢　　B. 时间来不及了　　C. 客人早就来了

六、请接着写下去，给下面这些“坏事”写出一个好的结果。

1. 大卫没有得到暑假在冰激凌店打工的机会。

   不过______________________________。

2. 小云要参加一个重要的考试，不能去看演出了。

   不过______________________________。

3. 杰克第一次和喜欢的女孩儿一起吃饭时，紧张得说不出话来。

   不过______________________________。

七、学唱歌曲《一千零一个愿望》。

一千零一个愿望

词　徐世珍

明天就像是盒子里的巧克力糖
什么滋味，充满想象
失望是偶尔拨不通的电话号码
多试几次，总会回答
心里有好多的梦想
未来正要开始闪闪发亮
就算天再高那又怎样
踮起脚尖，就更靠近阳光
许下我第一千零一个愿望

有一天幸福总会听我的话

不怕要多少时间多少代价

青春是我的筹码

我只有这第一千零一个愿望

有一天幸福总会在我手上

每一颗心都有一双翅膀

要勇往直前地飞翔

没有到不了的地方

滋味	zīwèi	taste
偶尔	ǒu’ěr	once in a while, occasionally
踮	diǎn	be on tiptop
筹码	chóumǎ	counter

2　一次成功的实验

一位教[jiào]育家来到一所小学，请校长找来三名学生，让他们做个游戏。

这位教育家从手提包里拿出一个瓶（píng）子，又取出三个系[jì]着绳子的小铅锤（chuí）。他先把瓶子放在地上，再把三个小铅锤分给三个学生，然后要[yāo]求他们拿着绳子，围（wéi）成一圈儿，先后把铅锤放到瓶子里。

他对这三个学生说："这个瓶子是一口井，不过现在井里没有水。你们手里拿着的铅锤代表你们自己。井口很狭（xiá）小，一次只能上来一个人。"说完，他又问："记住了吗？"三个学生异口同声地回答："记住了。"

教育家拿起茶杯向"井"里灌水，他一边灌，一边喊："危险！快上来！一……二……"

一个女孩儿低声对两个同伴（bàn）说："快！你第一，你第二，我最后。"

"三"字刚出口，三个学生就顺利地把小铅锤一个一个提了出来。

教育家问这个女孩儿："你刚才跟他俩说了什么？"

女孩儿如实地告诉了他。

"你为什么要最后一个出来呢？"教育家问。

女孩儿不假 [jiǎ] 思索地说："有了危险，应该让别人先出去。"

这位教育家激动地抱起女孩儿，好 [hǎo] 久才放下。他对校长说："这个实验我做过许多次，每次孩子们都争着往外拉铅锤，把瓶子弄倒了。今天，孩子们表现得很好，我的实验获得 (huòdé) 了成功。"

他先把瓶子放在地上，再把三个小铅锤分给三个学生，然后要求他们拿着绳子，围成一圈儿，先后把铅锤放到瓶子里。

瓶 锤 围 狭 伴 获

1.	成功	chénggōng	successful
2.	教育	jiàoyù	education
3.	所	suǒ	measure word used for house, school, hospital and so on
4.	手提包	shǒutíbāo	handbag
5.	瓶子	píngzi	bottle
6.	系	jì	tie
7.	锤	chuí	hammer
8.	要求	yāoqiú	require, ask for
9.	围	wéi	circle
10.	狭小	xiáxiǎo	narrow
11.	异口同声	yìkǒutóngshēng	a group of people say or answer with one voice or as one man
12.	灌	guàn	pour
13.	同伴	tóngbàn	companion
14.	出口	chūkǒu	take the words out of one's mouth
15.	如实	rúshí	truthfully; according to the facts
16.	不假思索	bùjiǎsīsuǒ	(act, respond etc.) without hesitation
17.	激动	jīdòng	excited
18.	好久	hǎojiǔ	quite a long time
19.	表现	biǎoxiàn	performance
20.	获得	huòdé	gain

练习 Exercise

一、根据课文，回答问题。

1. 你能用你自己的话说一说这个实验的做法吗？
2. 这个女孩儿是怎么做的？如果是你，你会怎么做？
3. 为什么教育家这么激动？

二、读一读，猜一猜加点词的意思。

1. 同伴　　同学　　同事

   同屋　　同窗　　同乡

2. 教育家　　科学家　　画家　　航海家

   天文学家　　历史学家　　地理学家　　语言学家　　微生物学家

三、选词填空。

不假思索 | 不知不觉

1. 一听说乐队在招收新队员，他________就报名了。
2. 科学家们在专心做实验，________天就黑了。

忠实 | 如实

3. 虽然我知道校长会不满意，但我还是________地告诉了他我做的错事。

4. 爷爷每天都看这份报纸，他是这份报纸________的粉丝。

表现 | 表示

5. 这次演出很成功，大家都________得很好。

6. 老教育家很激动，并________一定会帮助孩子们办好这份报纸。

四、你最喜欢吃什么中国菜？上网查一查它的做法，然后和同学们分享一下。使用“先……，再……，然后……，最后……”。

洗干净（gānjìng, clean）
切成……（cut into...）
炒
烧
把……
先……，再……，然后……，最后……

五、听一听，选择正确的应答。

1. 正确的应答是（　　）。

A. 我认识你好久了。

B. 这件事对我太重要了。

C. 我不记得昨天发生的事了。

2. 正确的应答是（　　）。

A. 对，我也很激动。

B. 因为这个实验的成功多亏了他呢！

C. 我哥哥没得奖，他特别不高兴。

3. 正确的应答是（　　）。

A. 他们看起来很激动。

B. 学生们上课表现都很好。

C. 这样太危险了，我们得提醒他们。

六、你在科学课上做过什么有趣的实验吗？选择一个你最难忘的，试着用中文和同学们说一说。注意说清楚实验的先后顺序、目的和结果。

七、你参加过“慕课”的学习吗？阅读短文，上网选择一个“慕课”的网站，选择你喜欢的课程，为自己做一张课程表。

慕课

最近，有越来越多的中国人加入了“慕课”的队伍。这种新的教育方式打开了大学的大门，让更多想继续学习的人有机会免费听到世界著名大学的课程。

如果你也加入“慕课”，就会发现，虽然看起来是你一个人在听课，但是你的同学变成了全世界几千几万甚至更多的人。你们年龄不同、职业不同、民族不同，但你们有共同的兴趣。你可能也会发现，课程从一个小时的“大课”变成了十分钟的“微课”，这让人不会那么容易感到累和没意思。而且，课程中还设计了一些有趣的问题和任务，你可以随时和同学讨论，甚至还可以互相给对方考试。

学生可以决定自己要学什么、怎么学，现在，越来越多的学校都开始了这种“慕课”方式的教学实验。

慕课	mùkè	MOOC (Massive Open Online Course)
继续	jìxù	continue
免费	miǎnfèi	free of charge
年龄	niánlíng	age
职业	zhíyè	career
民族	mínzú	ethnic group
任务	rènwù	task

3 陶（táoguàn）罐和铁罐

有两个罐子，一个是陶的，一个是铁的。骄傲（jiāo'ào）的铁罐看不起陶罐，常常笑话它。

“你敢碰我吗，陶罐子？”铁罐傲慢地问。

“不敢，铁罐兄弟（xiōngdi）。”陶罐谦（qiān）虚地回答。

“我就知道你不敢，没用的东西！”铁罐说，带着更加轻蔑（miè）的神气。

“我确实不敢碰你，”陶罐说，“但我们生来就是盛东西的，不是来互相碰撞（zhuàng）的。说到盛东西，我不见得[dé]比你差[chà]。再说……”

“住嘴！”铁罐生气了，“你怎么敢和我相[xiāng]提并论！你等着吧，要不了几天，你就会变成碎（suì）片，我却永远打不碎。”

陶罐不再理会铁罐。

几个世纪过去了。有一天，人们来到这里，又发现了那个陶罐。他们捧起陶罐，倒出里面的泥土，把它擦（cā）

洗干净 (gānjìng)。它就像当年一样光洁美观。

“多美的陶罐！”一个人说，“这是古代的东西，很有价值。”

“谢谢你们！”陶罐兴奋地说，“我的兄弟铁罐就在我旁边，请你们把它也挖 (wā) 出来吧，它一定也闷 (mèn) 得难 [nán] 受。”

人们立刻动手，把周围的土挖了一遍，可是连铁罐的影子也没见到。它，不知道在什么年代已经生锈 (xiù)，早就无影无踪 (zōng) 了。

（本文作者黄瑞云，有改动）

说到盛东西，我不见得比你差。

骄	傲	兄	弟	谦	蔑	撞	擦	净	挖	闷	踪

1.	骄傲	jiāo'ào	pride
2.	傲慢	àomàn	arrogant
3.	兄弟	xiōngdi	brothers
4.	谦虚	qiānxū	modest
5.	轻蔑	qīngmiè	distain
6.	神气	shénqì	manner
7.	确实	quèshí	indeed
8.	碰撞	pèngzhuàng	hit; collide
9.	不见得	bújiàndé	not necessarily
10.	差	chà	bad
11.	住嘴	zhùzuǐ	shut up
12.	相提并论	xiāngtíbìnglùn	mention in the same breath; place on a par with
13.	理会	lǐhuì	pay attention to
14.	泥土	nítǔ	soil; mud
15.	擦洗	cāxǐ	clean; polish
16.	干净	gānjìng	clean
17.	光洁	guāngjié	polished; spotless
18.	美观	měiguān	beautiful; artistic
19.	价值	jiàzhí	value; worth
20.	挖	wā	dig
21.	闷	mèn	stuffy; depressed
22.	难受	nánshòu	feel bad
23.	周围	zhōuwéi	surrounding
24.	无影无踪	wúyǐngwúzōng	vanish or disappear without a trace

练习 Exercise

一、根据提示，说一说“陶罐和铁罐”的故事。

1. 铁罐看不起陶罐。
2. 陶罐觉得作为罐子，能盛东西最重要。
3. 好久以后，人们挖出了陶罐。
4. 陶罐并没有什么变化，铁罐却无影无踪了。

二、选字填空。

（　）傲的孩子（骄　娇）

友好的兄（　）（第　弟）

（　）虚的画家（谦　篇）

干（　）的瓶子（净　争）

轻（　）的样子（蔑　茂）

消失得不见影（　）（宗　踪）

把罐子（　）倒了（摆　撞）

把桌子（　）干净（擦　抬）

把弟弟（　）坏了（闷　问）

把金子从地下（　）出来（换　挖）

三、排一排，读一读。

1. 不见得　骄傲　成功的　人　会

____

2. 有关　中医的　这　文章　篇　很有价值

____

3. 很多　学校周围　小摊儿　热闹的　有

____

四、照例子，用"说到……"的完成句子。

1. 我们生来就是盛东西的，不是来互相碰撞的。说到盛东西，我不见得比你差。

2. 我对神话传说了解得不多，大部分是小时候奶奶给我讲的。说到神话传说，____________________。

3. ____________________。说到唐人街，有个故事给我留下了深刻的印象。

4. 我们在商量今年要去哪里旅游，说到________________，____________________。

五、听短文，选择正确答案。

1. 人们开始认识"筷子兄弟"是因为什么？（　　）

A. 一个乐队　　B. 一部电影　　C. 一首歌

2. 他们拍了一部关于什么的电影？（　　）

A. 钱　　B. 梦想　　C. 中国

3.《小苹果》是什么的名称？（　　）

A. 一个乐队　　B. 一部电影　　C. 一首歌

六、把课文里的故事改编成一个小短剧，表演给同学们。想象一下，后来会发生什么，试着续写这个故事。

七、阅读短文，回答问题。

聪明的孩子不见了

从前，有一个孩子叫方仲（zhòng）永，他的父母都是农民，没有教过他读书写字。五岁那年，方仲永突然向父母要纸和笔，写了一首诗，诗的意思是要尊重和孝敬父母。很快，周围的邻居们都听说了这件奇怪的事情，纷纷跑来看这个孩子和他写的诗。大家随便给他一个题目，他就能立刻写出很不错的诗来。

于是，越来越多的人来找方仲永，还花钱买他写的诗。渐渐的，他的父亲发现能从中得到许多好处，就不让方仲永上学读书了，而是每天带着他到处去给别人写诗，用这个来挣钱。

就这样，方仲永十几岁的时候，写的诗已经没那么好了。又过了几年，方仲永就和普通的孩子没有什么区别了。

（根据王安石［北宋］《伤仲永》改写）

1. 方仲永和别的孩子有什么不同？
2. 为什么他的父亲后来不让他上学了？
3. 说一说你读了这个故事的想法。

尊重	zūnzhòng	respect
孝敬	xiàojìng	(for children) to honor parents
纷纷	fēnfēn	one by one; one after another; in succession
随便	suíbiàn	as one like
题目	tímù	topic
挣钱	zhèngqián	earn money
区别	qūbié	difference

4　自己的花是让别人看的

爱美大概也算是人的天性吧。宇宙间美的东西很多，花在其中占重要的地 [dì] 位。爱花的民族（zú）也很多，德国在其中占重要的地位。

四五十年前我在德国留学的时候，曾多次对德国人爱花之真切感到吃惊。家家户户都在养花。他们的花不像在中国那样，养在屋（wū）子里，他们是把花都栽种（zāizhòng）在临街窗户的外面。花朵都朝外开，在屋子里只能看到花的脊梁（jǐliáng）。我曾问过我的女房东：你这样养花是给别人看的吧！她莞尔（wǎn'ěr）一笑，说："正是这样！"

正是这样，也确实不错。走过任何一条街，抬头向上看，家家户户的窗子前都是花团锦（jǐn）簇（cù）。许多窗子连接在一起，汇（huì）成了一个花的海洋。每一家都是这样，在屋子里的时候，自己的花是让别人看的；走在街上的时候，自己又看别人的花。人人为我，我为人人。我觉得这一种境界是颇（pō）耐（nài）人寻味的。

今天我又到了德国，刚一下火车，迎接我们的主人问我：“你离开德国这样久，有什么变化没有？”我说：“变化是有的，但是美丽并没有改变。”我说“美丽”指的东西很多，其中也包含着美丽的花。我走在街上，抬头一看，又是家家户户的窗口上都开满了鲜花。多么奇丽的景色！多么奇特的民族！我仿佛又回到了四五十年前，我做了一个花的梦，做了一个思乡的梦。

（本文作者季羡林，有改动）

宇宙间美的东西很多，花在**其中**占重要的地位。

专有名词 Proper Noun

德国	Déguó	Germany

族	屋	栽	脊	梁	莞	尔	锦	簇	汇	颇	耐

1.	算是	suànshì	considered to be
2.	天性	tiānxìng	nature
3.	地位	dìwèi	position
4.	民族	mínzú	nation
5.	真切	zhēnqiè	real; genuine
6.	吃惊	chījīng	surprise
7.	屋子	wūzi	house
8.	栽种	zāizhòng	plant
9.	窗户	chuānghu	window
10.	脊梁	jǐliáng	spine; back
11.	房东	fángdōng	landlord
12.	莞尔	wǎn'ěr	with a smiling air
13.	任何	rènhé	any; whatever
14.	花团锦簇	huātuánjǐncù	a mass of blossoms, describes a colorful and splendorous scene
15.	连接	liánjiē	connect
16.	汇	huì	converge
17.	境界	jìngjiè	state, horizon things reach or get to
18.	颇	pō	very; quite
19.	耐人寻味	nàirénxúnwèi	meaningful and thought-provoking
20.	包含	bāohán	include
21.	奇丽	qílì	exotic
22.	奇特	qítè	peculiar
23.	思乡	sīxiāng	homesick

练习 Exercise

一、根据课文，判断对错。

1. “我”在德国工作过。(　　)
2. 中国人往往把花栽种在屋子里。(　　)
3. 德国人把花养在窗户外面是因为这样很方便。(　　)
4. 当“我”再次来到德国时，觉得德国完全没有变化。(　　)

二、读一读，记一记。

谦虚的民族	起劲地鼓掌
真切的感谢	激动地跳起来
奇特的宇宙	难受地哭出声来
奇丽的风景	吃惊地瞪大眼睛

三、选词填空。

花团锦簇 | 耐人寻味 | 无影无踪 | 相提并论 | 异口同声

1. 这首歌的背后有一个很＿＿＿＿＿的故事。
2. 这个旅游城市一到夏天，到处都是＿＿＿＿＿的。
3. 当我提出想再住两个月的时候，房东夫妻＿＿＿＿＿地说：“没问题！”

4. 三十年后，当我再次回到家乡，小时候常去的公园已经
__________了。

5. 自行车的速度当然不能和火车飞机__________。

四、把下面一段话补充完整。

我在学校有很多朋友，其中__________是我最好的朋友。他/她有很多爱好，其中______________________________。不过，他/她也有不喜欢做的事情，其中______________________________。他/她去过不少地方，其中______________________________。这个暑假我们有一些计划，其中______________________________。

五、听短文，选择正确答案。

1. 房东和“我”的关系怎么样？（　　）

A. 我们的关系很好

B. 我们的关系很不好

C. 她不是很关心我

2. “我”处理碎杯子的方法让房东感到怎么样？（　　）

A. 很满意

B. 很小心

C. 很生气

3. 你觉得房东是个什么样的人？（　　）

A. 喜欢收拾屋子

B. 年轻、热情

C. 懂得关心别人

六、小活动：你去过哪些城市？这些城市的街道和房屋有什么特点？你觉得这些特点表现出这个城市的人们怎样的性格？给同学们讲一讲。

七、阅读短文，然后上网查一查现在还有哪些保护胡同的方法，或者你有没有什么其他的好方法。用中文写下来，贴在教室的墙上，做一期“中文园地”。

微胡同

以前，大多数北京人都住在胡同里。现在，胡同里的人渐渐搬走了，因为住在高楼大厦里，生活会更方便。不过，住在胡同大院里也有好处。家家户户都住得很近，打开窗户就能见面，像一家人一样。

最近，有人设计了一个“微胡同”的项目。30 平方米的小院里，在空中有几个小屋子，向外的一面都是玻璃窗，人们可以用梯子爬上去。这些屋子可以用来住，也可以做咖啡店、工作室。这个项目让大家有机会想起过去的生活方式，拉近人们之间的距离，让人和人更加亲密。同时，也是保护胡同的一个新方式。

搬	bān	move
高楼大厦	gāolóudàshà	high buildings and large mansions
玻璃	bōli	glass
梯子	tīzi	ladder
咖啡店	kāfēidiàn	café
工作室	gōngzuòshì	studio

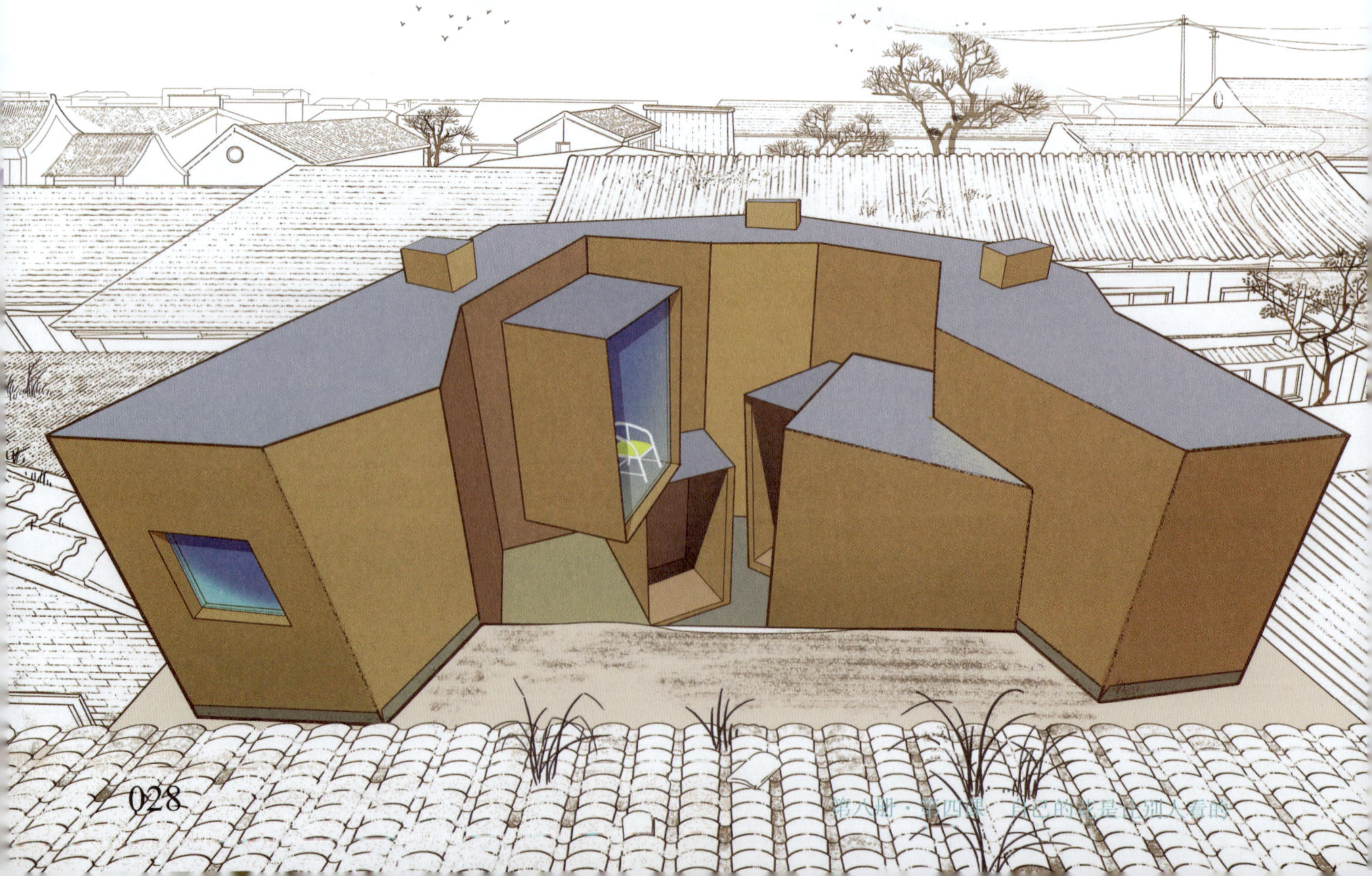

5 熊说了什么

在一个晴朗的日子里，两个好朋友在山野间赶路。他们走到一棵大树下，觉得有些累了，就躺在草地上歇（xiē）息。

这两个好朋友，从小就在一起玩，整天形影不离。现在，他俩自在地躺在草地上，越聊越兴奋，发誓（fāshì）遇到困难要互相帮助，共同干出一番（fān）事业来。

太阳渐渐落山了，天慢慢地黑了下来。这时，他俩忽然觉[jué]察到不远处有响动，赶紧坐起来一看，一只大熊过来了。其中一个人首先站了起来，迅（xùn）速爬上了大树。另外一个人不会爬树，但他知道熊不吃死人，于是就立刻躺在地上，眼睛紧闭（bì），一口气也不敢出。熊走到他的跟前，嗅嗅他的鼻子，舔（tiǎn）舔他的脸，拱（gǒng）拱他的耳（ěr）朵，见没有动静，以为[wéi]是个死人，就慢慢走开了。

树上的朋友见熊走远了，就从树上爬了下来。他走到躺着的朋友跟前，不好[hǎo]意思地问："朋友，熊刚才跟你说了什么？”躺着的朋友慢慢睁(zhēng)开眼，想了想，说：“它告诉我，共患难(huànnàn)的朋友才是真正的朋友。”

（根据《伊索寓言》故事改编）

其中一个人首先站了起来，迅速爬上了大树。

歇誓番迅闭舔拱耳睁患

1.	日子	rìzi	day
2.	山野	shānyě	mountains and fields
3.	歇息	xiēxi	rest
4.	形影不离	xíngyǐngbùlí	be inseparable
5.	发誓	fāshì	swear
6.	番	fān	measure word for actions, deeds, etc
7.	觉察	juéchá	perceive
8.	响动	xiǎngdòng	noise
9.	赶紧	gǎnjǐn	without delay
10.	首先	shǒuxiān	first
11.	迅速	xùnsù	quickly
12.	另外	lìngwài	in addition
13.	闭	bì	close
14.	跟前	gēnqián	in front of
15.	舔	tiǎn	lick
16.	拱	gǒng	arch
17.	耳朵	ěrduo	ear
18.	动静	dòngjing	activity
19.	以为	yǐwéi	think, be under the impression
20.	不好意思	bù hǎoyìsi	sorry
21.	睁	zhēng	open
22.	患难	huànnàn	trials and tribulations

练习 Exercise

一、根据课文，回答问题。

1. 一开始，两个朋友共同发了什么誓？

2. 遇到熊以后，两个朋友各是怎样做的？

3. 地上的那个人为什么说“共患难的朋友才是真正的朋友”？

二、读一读，练一练。

歇——歇息——我们到那边歇息一会儿吧。

誓——发誓——我发誓，刚才讲的都是我的亲身经历。

迅——迅速——一听说要讲放假的事情，同学们迅速围了过来。

患——患难——他俩是共患难过的兄弟。

三、选词填空。

我家养了一只小狗，它的名字叫欢欢。只要我在家里，它就整天________（不好意思　形影不离）地跟着我。它非常喜欢______（舔　吃）我的鞋，或者是用头______（划　拱）我的腿。我躺在床上______（喘息　歇息）的时候，它会趴在我的跟前______（闭　关）着眼睛睡觉。不过，如果有什么响动，它会立刻________（打　睁）开眼睛，耳朵也会______

（迅速　赶紧）立起来。

四、读句子，说句子。

1. 看到大熊过来了，一个人首先站了起来，爬上了大树。

   觉察到有响动，前面的同学首先停下了脚步。

   要想把坏事变成好事，你首先要有一个好的想法。

2. 首先，把石头放进瓶子里；然后，观察发生的现象。

   今天我们打扫屋子，首先，把窗户擦洗干净；然后，把桌椅摆整齐。

   关于春游，我想讲三个问题：首先，去哪儿；第二，怎么去；第三，去多长时间。

五、听一听，选择正确的应答。

1. 正确的应答是（　　）。

   A. 他是你的好朋友。

   B. 你真的要出发？

   C. 我还以为你们是同学呢。

2. 正确的应答是（　　）。

   A. 他们上山去了吗？

B. 他俩真是形影不离啊。

C. 大卫找到汤姆了吗？

3. 正确的应答是（　　）。

A. 你在大树下歇息了多久？

B. 你喜欢什么运动？

C. 我怎么没有觉察到呢？

六、小讨论：以小组为单位，讨论以下话题，然后在班上发言。

1. 你有哪些朋友？你们是怎样交上朋友的？
2. 你和朋友有什么共同的兴趣和爱好？
3. 你认为怎样的朋友才是真正的朋友？

七、阅读短文，判断对错。

遇到熊该怎么办

在野外游览的时候一定要注意安全。一个人尽量不要去没有人的山野。因为那里不但道路难走，容易迷路，而且有可能遇到熊这样的危险动物。如果遇到熊，首先不要心慌，动静不要太大，应该看着它的眼睛，让它看不出你下一步的行动；然后面对着它，慢慢向后退。不要先发动进攻，用东西去打它，因为动物也是有脾气的，这样做只会惹它生气并进攻你。如果熊没有发现你，或是离得较远，那你可以迅速静静地走开。如果熊离你不算太远，那么你最好还是慢慢地后退离开，因为熊是“近视眼”。传说中见到熊就装死的办法，也可能有用，但不一定会成功。

1. 去野外游览，有可能遇到危险的动物。(　　)
2. 遇到危险的动物，首先用东西把它打走。(　　)
3. 熊的眼睛很好，能看到很远的地方。(　　)
4. 遇到熊就装死，是一个特别好的办法。(　　)

安全	ānquán	safe
面对	miànduì	face to
后退	hòutuì	retreat

6　狼（láng）的教子之道

我正沿着一条大路往前走，后面传来了一阵喊声，是一个放羊的小男孩儿在喊。男孩儿边在草地上跑着，边用手比画着什么。我仔细一看，发现草地上有两只狼跑了过去：一只大狼和一只小狼。小狼跑在前面，背［bèi］上驮着一只已经被咬死了的小羊，嘴里叼（diāo）着小羊的前腿，大狼跟在后面。我看到那两只狼后，就开始和那个放羊的男孩儿一起去追。我们边追边喊。听到我们的喊声，又有几个男人带着狗也跑了过来。大狼一看见有人带着狗追过来了，急忙跑到小狼跟前，叼起小羊放到自己背上，然后带着小狼加快了脚步，一阵风似（shì）的从人们的视野中消失了。

这时，男孩儿向我们讲述了事情的经过：在他放羊的时候，一只大狼突然从一个小山沟里跑出来，捕（bǔ）获了

一只小羊，咬死后叼着就跑。这时，迎面跑出来一只小狼，小狼直奔 [bèn] 小羊跑了过来。大狼就把小羊交给了小狼，让小狼驮着，自己则 (zé) 轻松地跟在后面。后来有人追了过来，老狼感到有危险了，就停止了对小狼的生存 (cún) 训 (xùn) 练，自己叼过了那只羊。

安全时锻炼孩子，危险时保护孩子，这是狼的教子之道。

（本文作者［俄罗斯］托尔斯泰，李冬梅编译，有改动）

大狼就把小羊交给了小狼，让小狼驮着，自己则轻松地跟在后面。

狼叼似捕则存训

1.	狼	láng	wolf
2.	放羊	fàngyáng	herd sheep
3.	比画	bǐhua	gesticulate
4.	背	bèi	back
5.	叼	diāo	hold in the mouth
6.	男人	nánrén	man
7.	加快	jiākuài	accelerate
8.	似的	shìde	like; as…as; as if
9.	视野	shìyě	vision
10.	讲述	jiǎngshù	tell about, narrate
11.	山沟	shāngōu	ravine
12.	捕获	bǔhuò	capture
13.	迎面	yíngmiàn	head on; face to face
14.	奔	bèn	rush
15.	则	zé	then
16.	轻松	qīngsōng	relaxed
17.	停止	tíngzhǐ	stop
18.	生存	shēngcún	survive
19.	训练	xùnliàn	train
20.	安全	ānquán	safe; secure; safety; security

练习 Exercise

一、根据下面的线索，讲一讲狼是如何“安全时锻炼孩子，危险时保护孩子”的。

大狼捕获了小羊 → 小狼跑了过来 → 小狼驮着小羊，大狼跟在后面 → 人们追了过来 → 大狼叼起小羊，带着小狼离开

二、读一读，再说一个。

叼	叼起一只鸡	叼了一只野兔	嘴里叼着肉	______
捕获	捕获一头熊	捕获一条大鱼	捕获的办法	______
生存	生存训练	生存下去	在山洞里生存	______

三、选词填空。

讲述 | 讲解

1. 老师向我们__________了一个世外桃源的故事。
2. 小云向大卫__________了那道数学题是如何计算的。

生活｜生存

3. 爷爷奶奶在一个小山沟里__________了许多年。

4. 无论到哪个星球，如果没有水，人类便没法__________。

训练｜排练

5. 在乐队上舞台演奏之前，他们又__________了一次。

6. 每天早上，运动员们都要进行一个小时的肌肉__________。

四、读句子，了解“则”的不同用法。

1. “万花筒”是一种奇特的玩具，你转一下角度，则会看到不同的花。
2. 站得高，则视野好。
3. 这两件装饰品看上去都很美观，这件很便宜，那件则太贵。
4. 把花种在窗户外面好则好，只是自己看不到，也有些不开心吧？

五、听对话，选择正确答案。

1. 女生现在感觉怎么样？（　　）

   A. 轻松　　B. 劳累　　C. 好奇

2. 女生讲清楚自己的意思了吗？（　　）

   A. 讲清楚了　　B. 没讲清楚　　C. 不知道

3. 这两个人在哪里聊天儿？（　　）

A. 动物园　　B. 山沟　　C. 电影院

六、小活动：三至五人一组，仿照例子，讨论自己的父母在“锻炼孩子”和“保护孩子”两方面都采取过哪些措施，并对每条措施进行简单评价。

锻炼孩子	评价
让孩子自己收拾自己的屋子	好

保护孩子	评价
家务活一点儿也不让孩子干	不太好，应该给孩子劳动的机会

七、阅读短文，完成练习。

狼和小羊

狼来到小河边，看见小羊正在那儿喝水。

狼非常想吃小羊，就想找个借口。于是，他假装生气地说：“你把我喝的水弄脏了！你怎么做出这样的坏事？”

小羊吃了一惊，温和地说：“我怎么会把您喝的水弄脏呢？您站在上游，水是从您那儿流到我这儿来的，不是从我这儿流到您那儿去的。”

狼眼珠一转，又大声说：“就算是这样吧，你总是心太坏！我听说，去年你说过我的坏话！”

小羊回答说：“啊，亲爱的狼先生，那是不可能的事，去年我还没有生下来呢！”

狼不想再争辩了，他靠近小羊，大喊道：“说我坏话的不是你，就是你爸爸，无论是谁都一样。”说完就往小羊身上扑去。

1. 查词典，把文中加点的词语的意思写下来。

温和：

上游：

争辩：

2. 狼为了吃掉小羊，找了哪几个借口？

7 我和小狮子

小狮子爱尔莎（shā）出生才两三天，它的妈妈就死了。我从岩石缝（fèng）里把它抱出来，喂它奶粉和饮料。不久，它的眼睛睁开了，那水汪（wāng）汪的眼珠滴溜（liū）溜地转。在我的精心照料下，爱尔莎一天比一天强壮。它一刻也不离开我，晚上就跟我一起睡。半夜里，它常常用舌头舔我的脸，把我舔醒。

爱尔莎开始换牙的时候，像孩子一样张开嘴给我看。我轻轻地摇动它快要脱落的乳（rǔ）牙。它闭着眼睛，一动也不动。我有时候靠在爱尔莎身上看书或者画画儿，它吮（shǔn）吸着我的大拇（mǔ）指，不一会儿就安静地进入了梦乡。

爱尔莎快两岁了，我想把它送到动物园去，后来又想，还是应该把它送回大自然。但是由人抚养的动物回到大自然是不容易生存的。我决心训练爱尔莎，让它在大自然里过幸福的生活。

我首先教爱尔莎学会了自己捕获食物。过了些日子，我把它带到野外，并且悄悄地离开它。有好几次，它都饿着肚子回来了，我又高兴又难 [nán] 过地接待了它。

爱尔莎和我一起生活了三年。最后分别的时候，我感到莫大的痛（tòng）苦。我搂住它的脖子，吻（wěn）着它。它好像也觉察到什么似的，用它那光滑（huá）的身子一个劲儿地蹭（cèng）我。之后，它恋（liàn）恋不舍（shě）地向森林走去，一边不住地回过头来看我，直到我们互相看不见了为 [wéi] 止。

（根据［奥地利］乔伊·亚当逊《野生的爱尔莎》改写）

之后，它恋恋不舍地向森林走去，一边不住地回过头来看我，直到我们互相看不见了为止。

专有名词 Proper Noun

爱尔莎	Ài'ěrshā	Elsa

缝汪溜乳吮痛吻滑蹭恋舍

1.	缝	fèng	seam; crack; crevice; fissure
2.	水汪汪	shuǐwāngwāng	watery
3.	滴溜溜	dīliūliū	round and round
4.	精心	jīngxīn	meticulously
5.	照料	zhàoliào	take care of
6.	一刻	yíkè	the moment
7.	摇动	yáodòng	shake
8.	脱落	tuōluò	drop; fall off
9.	乳牙	rǔyá	deciduous teeth, baby teeth
10.	吮吸	shǔnxī	suck
11.	梦乡	mèngxiāng	dreamland
12.	动物	dòngwù	animal
13.	抚养	fǔyǎng	raise
14.	难过	nánguò	sad
15.	接待	jiēdài	receive
16.	分别	fēnbié	leave each other
17.	莫大	mòdà	utterly; extremely
18.	痛苦	tòngkǔ	pain
19.	吻	wěn	kiss
20.	光滑	guānghuá	smooth
21.	一个劲儿	yígejìnr	continuously
22.	蹭	cèng	rub
23.	恋恋不舍	liànliànbùshě	be reluctant to part with
24.	为止	wéizhǐ	be up to

练习 Exercise

一、这篇课文表现了“我”与小狮子之间的爱。根据课文，照例子，填写关键词语。

时间	“我”对小狮子	小狮子对“我”
出生	抱　喂　照料	一刻也不离开　舔
换牙		
快两岁		
分别		

二、写一写，记一记。

纟　逢：缝——石头缝　　疒　甬：痛——特别痛苦

氵　骨：滑——光滑的表面　　氵　留：溜——滴溜溜地转动

足　曾：蹭——蹭了一身泥　　口　勿：吻——吻着自己的孩子

口　允：吮——吮吸小瓶子　　亦　心：恋——恋恋不舍地离开

三、选词填空。

抚养 | 照料 | 接待 | 摇动 | 脱落

1. 在姐姐的精心________下，弟弟的病很快就好了。
2. 他________那棵树，掉下来几个果子。

3. 她一直用奶粉________三只可爱的小猫。

4. 一般到上小学的时候，小朋友们的乳牙就开始________了。

5. 明天摄影师要过来，我们小组负责________。

四、读句子，说句子。

1. 他边走边向我挥手告别，直到我们互相看不见了为止。

2. ________________，直到水溢了出来为止。

3. ________________，直到算出了答案为止。

4. 大卫一个劲儿地往前冲，直到________________为止。

5. 昨天晚上他一直在看那本小说，直到________________为止。

五、听一听，判断对错。

1. （1）弟弟的眼睛很好看。（ ）

（2）弟弟的乳牙又长出来了。（ ）

2. （1）我在故乡交了一个好朋友。（ ）

（2）我和故乡的朋友感情很深。（ ）

六、小活动：用以下词语和好朋友分享你养小动物的经历。

动物　精心　抚养　照料　恋恋不舍

七、阅读短文，了解课文作者与动物之间的故事。

乔伊·亚当逊 (Joy Adamson) 与动物的故事

《我和小狮子》这篇课文，写的是奥地利 (Austria) 女生物学家乔伊·亚当逊和她所抚养的小狮子之间的故事。

乔伊·亚当逊生于 1911 年，她从小就喜欢动物，经常利用放假的时间，与野鹿、狐狸等动物在一起，喂养它们，驯化它们，研究它们的生活习惯。

1937 年，乔伊·亚当逊在肯尼亚 (Kenya) 旅行。那无边的大草原和生存其中的各种动物，一下子把她吸引住了。于是，她决定留在肯尼亚，这一留就是 43 年。后来，她丈夫在野外发现三只小狮子，便带回来，把其中两只大的送往荷兰 (Holland) 动物园，留下最小的爱尔莎进行驯化实验。她以自己的这段生活写成了《野生的爱尔莎》和《我的朋友——猎豹皮芭（bā）》等书。本课就节选自《野生的爱尔莎》这本书。

驯化	xùnhuà	domesticate
猎豹	lièbào	cheetah

8 灰雀

有一年冬天，我在郊（jiāo）外养病，每天都到公园里散步。公园里有一棵高大的白桦（huà）树，树上有三只灰雀。其中两只胸脯（pú）是粉红的，一只胸脯是深红的。这三只灰雀在枝（zhī）头欢蹦乱跳地唱歌，非常惹（rě）人喜爱。我每次走到白桦树下，都要停下来，仰（yǎng）望这三只欢快的灰雀。我还经常给它们带来面包渣（zhā）和谷粒（lì）。

一天，我又来到公园的白桦树下，发现那只胸脯深红的灰雀不见了。我找遍了周围的小树林，也没有找到。

这时，我看见一个小男孩儿，就问："孩子，你看没看见一只深红色胸脯的灰雀？"

小男孩儿的脸一下子红了，他支支吾（wu）吾地说："没看见，我……我没看见。"

我说："那一定是飞走了或者是冻（dòng）死了。天气严寒（yánhán），它怕冷。多好的灰雀呀，可惜（xī）再也不会飞回来了。"

小男孩儿看看我，说：“会飞回来的，一定会飞回来的。它还活着。”

我说：“会飞回来？”

“一定会飞回来！”小男孩儿坚定地说。

第二天，我来到白桦树下，果然又看到那只灰雀欢蹦乱跳地在枝头歌唱。那个男孩儿站在白桦树旁，低着头。

我看看小男孩儿，又看看灰雀，微笑着说：“你好，灰雀！昨天你到哪儿去了？”

当然，灰雀没有告诉我它去哪儿了，我也没有再问那个男孩儿，因为我已经知道，男孩儿是诚(chéng)实的。

（原载于《小朋友》1989 年第 4 期，李声权译，有删改）

那一定是飞走了或者是冻死了。

郊 脯 枝 惹 仰 粒 吾 冻 严 寒 惜 诚

1.	灰雀	huīquè	bullfinch
2.	郊外	jiāowài	suburbs
3.	养病	yǎngbìng	recuperate
4.	胸脯	xiōngpú	chest
5.	粉红	fěnhóng	pink
6.	枝头	zhītóu	top of a branch
7.	欢蹦乱跳	huānbèngluàntiào	be healthy and vivacious
8.	惹	rě	cause
9.	仰望	yǎngwàng	look up at
10.	谷粒	gǔlì	grains
11.	支吾	zhīwu	prevaricate to stall or to respond vaguely
12.	或者	huòzhě	or
13.	冻	dòng	freeze
14.	严寒	yánhán	cold
15.	可惜	kěxī	unfortunately
16.	坚定	jiāndìng	firm
17.	诚实	chéngshí	honest

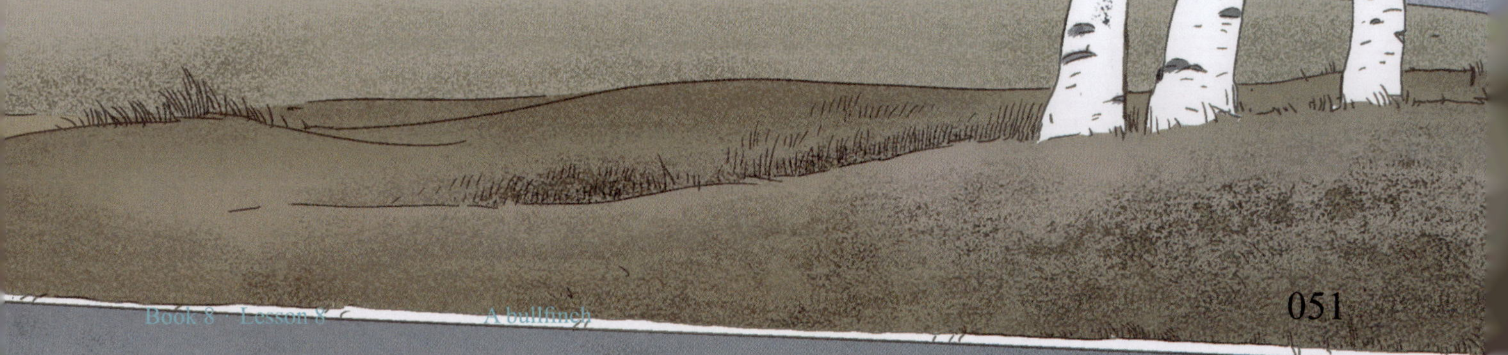

练习 Exercise

一、根据课文内容，给下面的句子排序。

1. 看着桦树旁的小男孩儿，我知道，他是一个诚实的孩子。
2. 他一开始支支吾吾地说没看见，后来又坚定地说，灰雀一定会回来的。
3. 第二天，丢失的灰雀真的回来了。
4. 一天，其中一只胸脯深红的灰雀不见了。
5. 我看见一个小男孩儿，便问他见过没见过那只灰雀。
6. 我在公园里发现三只欢快的灰雀，十分惹人喜爱。

正确的顺序是

(　　)(　　)(　　)(　　)(　　)(　　)

二、辨形，注音，组词。

郊（　　）______　　粒（　　）______

校（　　）______　　位（　　）______

脯（　　）______　　寒（　　）______

捕（　　）______　　赛（　　）______

枝（　　）	________	惜（　　）	________
技（　　）	________	借（　　）	________

三、排一排，读一读。

1. 我　一只灰雀　看见　在枝头　唱歌

____

2. 正在　郊外　做　游戏　孩子们　欢蹦乱跳地

____

3. 那个　生气　总是　惹　小男孩儿　妈妈

____

4. 他　我们　坚定地　点了点头　向

____

四、根据例子和提示，用“或者”完成句子。

1. 快去喂小鸟一些食物，面包渣或者谷粒都可以。

   请一个同学来当老鹰，______或者______都行。（男生　女生）

2. 我在乐队可以弹钢琴，或者拉小提琴。

   你去__________，或者__________。（收拾屋子　擦洗汽车）

3. 或者湖人队，或者火箭队，哪个队赢了我都高兴。

   或者______，或者______，我都喜欢看。（电影　电视剧）

4. 昨天，同学们或者演奏歌曲，或者朗诵诗歌，度过了一个愉快的周末。

或者________，或者________，都会让小女孩儿很开心。

（吃棒棒糖　贴贴画）

五、听一听，选择正确答案。

1. 他更喜欢哪一件衣服？（　　）

A. 绿色　　B. 粉红色　　C. 都不喜欢

2. 小云为什么不高兴？（　　）

A. 演出不成功　　B. 别人惹她生气了　　C. 没有参加演出

3. 他觉得汤姆怎么样？（　　）

A. 诚实　　B. 不诚实　　C. 难受

六、小调查：查找相关资料，调查一种鸟类的生活习性，完成下面的表格，做成卡片，与同学交流。

名称	
外形特征	
飞行速度	
食物	
住所	
分布	

七、阅读短文，回答问题。

曾参（Zēng Shēn）杀猪

曾参是孔子的学生，也是中国古代一位很有学问的人。

有一次，他的妻子要上街去买东西，可是孩子一个劲儿地哭，也要跟她去。曾参的妻子就哄孩子说："好孩子，这次我要买的东西很多，不能带你。等你父亲回来，让他杀猪给你煮肉吃。"孩子听了以后，十分高兴，不再跟她去了。

不一会儿，曾参回来了。儿子兴奋地告诉父亲说："妈妈让你回来后杀猪呢！"曾参不相信，孩子就告诉了他事情的经过。曾参说："好吧，你母亲答应了，我们就杀吧。"于是和孩子准备杀猪。

妻子从街上回来，看见曾参正准备杀猪，急忙阻止他说："你真的要杀猪给孩子吃呀？我不过是哄孩子的。"曾参说："做人要诚实。现在你骗他，就是教孩子骗人啊。"于是，就把猪杀了。

1. 曾参的妻子为什么说要杀猪？
2. 曾参为什么真的把猪杀了？

中国人眼中的动物

中国人喜爱的动物，有生活中常见的，也有在传说故事中想象出来的。

在古代神话中，龙能上天入地，呼风唤（huàn, call）雨；凤凰是百鸟之王，尊贵（zūnguì, noble）美丽。龙和凤常用来表示吉祥（jíxiáng, auspicious）。

鹤是长寿（chángshòu, long life）的象征，常与神仙联系在一起，为老年人所喜爱。

鱼与“余”（yú, overage）同音，常用来表示富裕（fùyù, rich）、幸运。

对于喜鹊，人们有“喜鹊报喜”的说法，认为看到喜鹊就会有好事到来。

乌鸦、猫头鹰因为声音不好听，长得也不好看，人们常常把它们与恐惧（kǒngjù, fear）、死亡（sǐwáng, death）联系在一起，认为遇到它们是一件很不幸运的事情。

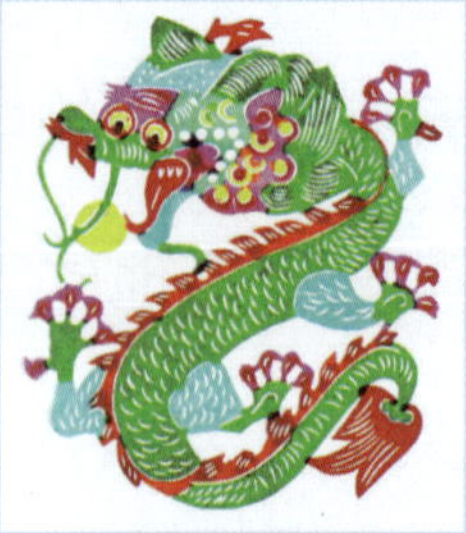
龙

凤凰（fènghuáng, phoenix）

鹤（hè, crane）

鱼

喜鹊（xǐquè, magpie）

乌鸦（wūyā, crow）

猫头鹰（māotóuyīng, owl）

9 汉尼（ní）拔（bá）翻过阿尔卑斯（Ā'ěrbēisī）山

公元前218年，一支大军，消失在现在法国的密林中。罗（luó）马人非常焦（jiāo）急，因为这是他们的敌（dí）人——迦（jiā）太基的军队，率领这支军队的是年轻的汉尼拔。

罗马人到处寻找这支军队，终于，他们得到让人震（zhèn）惊的消息——汉尼拔率领这支五万人的大军，正在向阿尔卑斯山行[xíng]进。难道他们要翻过高高的阿尔卑斯山，进攻意大利？疯了！罗马人觉得汉尼拔疯了！

秋天的阿尔卑斯山，已经开始飞雪。五万士兵（shìbīng），还有几十头大象，艰难（jiānnán）地行进在山路上。天气很冷，士兵们冻得全身发抖（fādǒu），只能啃冻硬的食物。山上的道路十分狭窄，一边就是万丈深渊（yuān），一不小心，人和马就会掉下去。大象感觉到危险，经常不肯前进，要靠士兵们推着向前走。尽管沿途（tú）有不少士兵和马、大象倒下，但是大家都很坚定，因为他们信任汉尼拔，相信他会率领大家奔向胜利。

第九天，迦太基人登 (dēng) 上了山顶；第十七天，他们走到了山下，汉尼拔和他的士兵创造了历史。

一百六十年后，凯撒 (Kǎisā) 率领大军翻过阿尔卑斯山，不过他走的方向和汉尼拔相反。两千多年以后，拿破仑 (Nápòlún) 也率领大军翻过阿尔卑斯山。他们站在山顶，一定感慨 (kǎi) 汉尼拔当年的壮举吧？

告别雪山，意大利就在眼前，以后的十几年间，汉尼拔横 (héng) 扫罗马军队，取得 [dé] 了一次又一次的胜利。

尽管沿途有不少士兵和马、大象倒下，但是大家都很坚定。

专有名词 Proper Nouns

1.	汉尼拔	Hànníbá	Hannibal
2.	阿尔卑斯山	Ā'ěrbēisī Shān	Alps
3.	罗马	Luómǎ	Rome
4.	迦太基	Jiātàijī	Carthage
5.	意大利	Yìdàlì	Italy
6.	凯撒	Kǎisā	Caesar
7.	拿破仑	Nápòlún	Napoloen

焦 敌 震 艰 士 兵 抖 渊 途 登 慨 横

1.	大军	dàjūn	main forces
2.	密林	mìlín	thick forest
3.	焦急	jiāojí	anxious
4.	敌人	dírén	enemy
5.	军队	jūnduì	armed forces
6.	震惊	zhènjīng	shock
7.	行进	xíngjìn	process
8.	艰难	jiānnán	difficult
9.	士兵	shìbīng	soldier
10.	全身	quánshēn	the whole body
11.	发抖	fādǒu	tremble
12.	狭窄	xiázhǎi	narrow
13.	深渊	shēnyuān	abyss
14.	前进	qiánjìn	advance
15.	沿途	yántú	on the way
16.	胜利	shènglì	win
17.	登	dēng	climb
18.	山顶	shāndǐng	peak
19.	感慨	gǎnkǎi	sigh with emotion
20.	壮举	zhuàngjǔ	magnificent feat
21.	横扫	héngsǎo	sweep away
22.	取得	qǔdé	acquire

练习 Exercise

一、根据课文，回答问题。

1. 罗马人为什么觉得汉尼拔“疯了”？
2. 是什么让迦太基的士兵们能翻越阿尔卑斯山？
3. 想象一下，凯撒和拿破仑站在阿尔卑斯山顶，会怎样感慨汉尼拔的壮举？

二、读一读，记一记。

焦——焦急——焦急地等待

艰——艰难——艰难地前进

震——震惊——引起震惊

抖——发抖——全身发抖

横——横扫——横扫敌人

慨——感慨——无限感慨

渊——深渊——掉进深渊

途——沿途——沿途风光美丽

三、阅读短文，用课文中的词语填空。

在秋天， 汉尼拔率领五万迦太基士兵， 还有几十头大象， 登上了阿尔卑斯山。 这时候， 山里已经开始下雪了。 迦太基人艰难地________在山路上。 天气很冷， 大家冻得全身________， 山上的道路很________， 一不小心， 人和马就会掉下万丈深渊。 大象经常不肯________， 士兵们只好推着它们向前走。尽管________有很多人倒下了，但是迦太基人并没有害怕，他们坚定地跟着汉尼拔，相信他会率领大家奔向________。

四、照例子，写句子。

1. 尽管冻得全身发抖，但是士兵们坚持向前走。

   尽管沿途风光很好，但是大家都没有时间看。

   ____

2. 尽管遇到很多危险，他们还是翻过了阿尔卑斯山。

   尽管最近天气不太好，他还是坚持每天去跑步。

   ____

3. 尽管他出发得最晚，却第一个登上了山顶。

   尽管罗马人被打败了很多次，他们却取得了最后的胜利。

   ____

五、听一听，选择正确的应答。

1. 正确的应答是（　　）。

   A. 你不相信我？　B. 你不能登山。　C. 我才不去呢！

2. 正确的应答是（　　）。

   A. 上了汉语课。　B. 故事很有意思。　C. 汉尼拔的故事。

3. 正确的应答是（ ）。

A. 你衣服穿多了。 B. 你发烧了吧？ C. 你不要着急。

六、小活动：讲一讲。

汉尼拔、凯撒和拿破仑，都是著名的军事家。搜集他们的故事，给他们做一个简历。

简　历		
姓名：	性别：	照片
出生日期：		
国籍 (nationality)：		
取得的胜利：		

七、阅读短文，回答问题。

破釜沉舟

这是中国历史上一个有名的故事。

秦朝的皇帝很残暴，各地的人们纷纷起来反抗，他就派大军来镇压。

看到秦军很强大，士兵们害怕了，他们对将军项羽说："秦军太强大了，我们打不过他们。"

项羽却很坚定，他让每个士兵只带够三天的食物，然后把做饭用的锅全砸了。大家不明白他的意思，说："带这么少的食物，又没有锅，我们吃什么呀？"

项羽说："我们打败了敌人，就吃他们的食物，用他们的锅！如果我们被打败了，还吃什么！"

军队过了河，项羽又命士兵把船都沉到了水中。

大家都很震惊，又问他："没有船，我们怎么回来呀？"

项羽说："不打败敌人，我们就不回来了！"

大家明白项羽的意思，没有退路了，必须取得胜利。

就这样，项羽率领士兵们，横扫秦军，取得了一次又一次的胜利。

1. 项羽的士兵为什么害怕？
2. 为什么项羽命令士兵带很少的食物并砸锅、沉船？
3. 项羽为什么能取得胜利？

破釜沉舟	pòfǔchénzhōu	break the caldrons and sink the boats (after crossing); burn one's boats; cut off all means of retreat
秦朝	Qíncháo	Qin Dynasty
残暴	cánbào	savage
反抗	fǎnkàng	revolt
镇压	zhènyā	suppress
强大	qiángdà	big and powerful
项羽	Xiàng Yǔ	Xiang Yu, the congueror; (a name)
锅	guō	pan; pot
砸	zá	pound
退路	tuìlù	route of retreat

10 木兰（lán）从军

传说，古代有个叫木兰的姑娘。她坚强、勇敢，爱劳动。人们从她家门前走过，常能听到她织布的声音。她家里有父亲、母亲、姐姐和弟弟，一家人过得很幸福。

有一天，突然听不到她织布的声音了，只听能到她的叹（tàn）气声。出了什么事？她为什么叹气呢？

原来，前一天晚上，她见到天子征（zhēng）兵的命令，上面有她父亲的名字，她急坏了。父亲年纪大了，怎么能去当兵呢？自己没有哥哥，弟弟还小，怎么办呢？她想了一夜，也没有想出什么好办法。最后，她决定女扮（bàn）男装，替父亲去当兵。

那个时候，去当兵的人，都要自己准备马和骑（qí）马的各种用具。第二天一早，她就去把马和各种用具买来了。一切都准备好了，她流着泪向父母告别，跟着队伍出发了。

在行［xíng］军和打仗的时候，木兰只能听到人和马叫喊的声音，再也听不到父母亲切地叫女儿的声音了。她跟着队伍走过很多地方，参加过许多次残酷（cánkù）的战斗（zhàndòu），许多人都牺牲（xīshēng）了。在战斗中，木兰表现得非常勇敢。

十年后，她跟着队伍胜利归来。天子非常高兴，给战士们很多奖赏。天子问木兰愿意不愿意当官，木兰说她不愿意，只希望天子能用快马把她送回家，好让她早点儿看到父母。天子满足了她的要求。

父母听说木兰要回来，高兴极了。两位老人互相扶（fú）着，出城去迎接她；姐姐忙着打扮，穿上了漂亮的衣服；弟弟杀猪、杀羊，准备了很多好吃的东西。

木兰回到了家，脱下军装，换上以前穿的衣服，梳（shū）好头发，打扮得很漂亮。跟她共同战斗过的战士看见她，都非常吃惊：一起战斗和生活了这么多年，怎么不知道木兰是个女孩子呢！

（根据北朝民歌《木兰诗》改写）

天子问木兰愿意不愿意当官，木兰说她不愿意。

专有名词 Proper Noun

木兰	Mùlán	Mulan

叹征扮骑残酷战斗牺牲扶梳

1.	从军	cóngjūn	join the army
2.	坚强	jiānqiáng	strong
3.	勇敢	yǒnggǎn	brave
4.	劳动	láodòng	work
5.	母亲	mǔqīn	mother
6.	叹气	tànqì	sigh
7.	天子	tiānzǐ	the emperor
8.	征兵	zhēngbīng	conscript
9.	命令	mìnglìng	order
10.	女扮男装	nǚbànnánzhuāng	a woman who disguised herself as a man
11.	骑	qí	ride
12.	用具	yòngjù	articles for use
13.	跟着	gēnzhe	follow
14.	行军	xíngjūn	(of troops) march
15.	残酷	cánkù	cruel
16.	战斗	zhàndòu	fight
17.	牺牲	xīshēng	sacrifice oneself
18.	战士	zhànshì	soldier
19.	奖赏	jiǎngshǎng	award
20.	扶	fú	hold up
21.	打扮	dǎban	dress up
22.	军装	jūnzhuāng	military uniform
23.	梳	shū	comb

练习 Exercise

一、根据课文，按照下面的线索复述课文。

木兰是怎样的姑娘 → 她为什么叹气 → 准备当兵的用具 → 行军和打仗 → 胜利回来 → 天子问她的要求 → 亲人们准备迎接她 → 回到家乡

二、读一读，找出每组中与其他词语不同类的一个，写在后面的括号里。

坚强　勇敢　命令　大方　（　　）

母亲　天子　弟弟　姐姐　（　　）

工作　劳动　学习　残酷　（　　）

军装　用具　衣服　球衣　（　　）

三、选词填空。

坚强 | 坚定

1. 木兰是一个________的女孩子，什么困难也不怕。

2. 战士们________地跟着汉尼拔前进。

奖赏 | 欣赏

3. 大家都很________他的能力。
4. 天子要给木兰很多________。

顺着 | 跟着

5. 你________他走，就能找到那个商店了。
6. 你________这条路走，就能找到那个商店了。

四、读一读，比一比，再试着把句子补充完整。

1. 你愿意不愿意照料没有人要的小动物？

   ___愿意不愿意________________？
2. 士兵们想不想跟着汉尼拔翻过雪山？

   ________想不想________________？
3. 他喜欢不喜欢去参加这个教育试验？

   ___喜欢不喜欢________________？
4. 我们应该不应该在生活中帮助他？

   ______应该不应该____________？

五、听短文，选择正确答案。

1. “我”是从哪里知道木兰的故事的？（　　）

A. 老师　　B. 电影　　C. 妹妹

2. “我”为什么要给妹妹讲木兰的故事？（　　）

A. 妹妹爱听　　B. 妹妹爱哭　　C. 老师让我讲的

3. 妹妹为什么听不懂木兰的故事？（　　）

A. 妹妹太小　　B. 我没讲清楚　　C. 她没看过电影

六、小活动：讲一讲。

迪士尼公司很欣赏花木兰的故事，他们认为花木兰女扮男装，替父亲当兵，体现出人类勇敢坚强、美好善良的精神。他们花了四年的时间，把这个故事拍成了动画片。1998 年影片放映，吸引了世界各国人们的关注。你看过动画片《花木兰》吗？电影里的花木兰和课文里的花木兰有什么相同的地方和不同的地方？

七、读一读，背一背。

mù lán shī (jié xuǎn)
木兰诗（节选）

jī jī fù jī jī, mù lán dāng hù zhī.
唧唧复唧唧，木兰当户织。

bù wén jī zhù shēng, wéi wén nǚ tàn xī.
不闻机杼声，唯闻女叹息。

wèn nǚ hé suǒ sī, wèn nǚ hé suǒ yì.
问女何所思，问女何所忆。

nǚ yì wú suǒ sī, nǚ yì wú suǒ yì.
女亦无所思，女亦无所忆。

zuó yè jiàn jūn tiě, kè hán dà diǎn bīng,
昨夜见军帖，可汗大点兵，

jūn shū shí èr juàn, juàn juàn yǒu yé míng.
军书十二卷，卷卷有爷名。

ā yé wú dà ér, mù lán wú zhǎng xiōng,
阿爷无大儿，木兰无长兄，

yuàn wèi shì ān mǎ, cóng cǐ tì yé zhēng.
愿为市鞍马，从此替爷征。

11 皮洛（luò）士式胜利

希腊（là）人在海外有许多殖（zhí）民地，意大利南部的塔兰托（tuō）就是其中之一。

公元前 283 年，塔兰托和罗马发 [fā] 生了战争，塔兰托人向希腊人求助。

希腊的一个国王皮洛士是一位著名的军事家。帮助同胞（bāo）这样的事情，他是当 [dāng] 仁（rén）不让的。而且，他觉得罗马人没什么了不起，他一定能横扫敌人！

公元前 280 年，皮洛士国王率领三万大军和二十头大象，渡过大海，来到意大利。

罗马人并没有害怕大名鼎（dǐng）鼎的皮洛士，他们派出一支大军南下，向皮洛士挑 [tiǎo] 战。双（shuāng）方的军队人数差不多。皮洛士不愧是希腊第一的军事家，他针对罗马军队的部署（shǔ），用大象打败了罗马人。因为罗马人非常顽强（wánqiáng），皮洛士虽然取得了胜利，也损（sǔn）失了几千士兵。

罗马人的损失是可以补充的，可是从希腊来的皮洛士却很难补充自己的士兵。皮洛士向罗马人提出谈判 (pàn)，但是没有达成协 (xié) 议。

皮洛士自信地说：“既 (jì) 然你们罗马人不愿意达成协议，那么我们就战场上见吧！”

战争又开始了，皮洛士果然又打败了罗马人。这次罗马人损失了更多的士兵，连将军也牺牲在战场上了。可是，皮洛士却高兴不起来，因为他又损失了很多士兵。皮洛士叹气说：“再这样胜一次，我可能就没有军队了。”最后，皮洛士只带着不到一万名士兵回到了希腊。

后来，人们用“皮洛士式胜利”指得不偿 (cháng) 失的胜利。

战争又开始了，皮洛士**果然**又打败了罗马人。

专有名词 Proper Nouns

1.	皮洛士	Píluòshì	Pyrrhus
2.	希腊	Xīlà	Greece
3.	塔兰托	Tǎlántuō	Taranto

殖 胞 仁 鼎 双 署 顽 损 判 偿

1.	海外	hǎiwài	overseas
2.	殖民地	zhímíndì	colony
3.	发生	fāshēng	happen
4.	战争	zhànzhēng	war
5.	军事家	jūnshìjiā	strategist
6.	同胞	tóngbāo	sibling; compatriot
7.	当仁不让	dāngrénbúràng	not pass on to others what one is called upon to do
8.	大名鼎鼎	dàmíngdǐngdǐng	one's name is known far and wide; famous
9.	挑战	tiǎozhàn	challenge
10.	双方	shuāngfāng	both sides
11.	不愧	búkuì	deserving the title
12.	针对	zhēnduì	be aimed at
13.	部署	bùshǔ	arrange
14.	顽强	wánqiáng	indomitable
15.	损失	sǔnshī	lose
16.	补充	bǔchōng	supplement
17.	提出	tíchū	put forward
18.	谈判	tánpàn	negotiations
19.	达成	dáchéng	reach (agreement)
20.	协议	xiéyì	agreement
21.	既然	jìrán	since
22.	战场	zhànchǎng	battlefield
23.	得不偿失	débùchángshī	the loss outweighs the gain

练习 Exercise

一、熟读课文，说说“皮洛士式胜利”是什么意思，是怎么来的。

二、把下列词语放在句子中合适的位置。

1. A木兰B是C军队里最勇敢的D战士。（不愧）（　　）
2. A你B明天不想去骑马，C我D也不去。（既然）（　　）
3. A他们B不怕牺牲，C战斗到D最后。（顽强）（　　）
4. A这个问题B老师又C给大家D讲了一下。（针对）（　　）

三、连一连，读一读。

提出	协议	顽强	等待
打扫	战争	全身	战斗
达成	问题	焦急	打扮
发动	战场	精心	发抖

四、读句子，用“果然”说句子。

1. 皮洛士果然用大象打败了罗马人。
2. 他果然把那只受伤的小猫带回了家。

3. ________________________________。

4. ________________________________。

五、听句子，选择正确答案。

1. “我”为什么说是“皮洛士式胜利”？（　　）

A. 比赛很激烈　　B. 终于胜利了　　C. 队里很多人受伤

2. “我”为什么觉得“汉语课变难了”？（　　）

A. 写汉字很难　　B. 老师没有辅导　　C. 课文里成语多了

六、小活动：讲一讲。

人类历史上出现过许多有名的军事家，比如中国的孙子、迦太基的汉尼拔、罗马的凯撒、法国的拿破仑等。你还知道哪些有名的军事家？收集他们的资料，给同学们讲一讲，开一个小故事会。

七、阅读短文，回答问题。

大名鼎鼎

我们班有一个中国同学，叫全顺。有一天我们去他家玩，他爸爸叫他顺子。我们很奇怪，问他怎么有两个名字。全顺告诉我们，全顺是他的大名，顺子是他的小名。大名是正式的名字，小名是小时候起的非正式的名字。很多中国人有大名还有小名，叫小名表示关系很亲密。以后我们也叫他顺子了。

今天我们学习了《皮洛士式胜利》，有同学问老师，皮洛士的大名叫鼎鼎，他的小名叫什么？——我们的肚子都笑疼了。

1. 中国人的大名和小名有什么不同？
2. 叫小名有什么意思？
3. 大家为什么肚子都笑疼了？

大名	dàmíng	one's formal personal name
小名	xiǎomíng	childhood or nickname
正式	zhèngshì	formal

12 解缙（Xiè Jìn）巧（qiǎo）对曹（Cáo）尚书

明代有个学士叫解缙，是一个有名的才子。据说，他六七岁就能吟（yín）诗作对，人们都称他为“神童”。他家和曹尚书家的竹园相[xiāng]对，于是他便[biàn]在自己家的门上，贴了一副对联：

门对千竿（gān）竹

家藏万卷（juàn）书

曹尚书见了很不愉快，心想：我家的竹园景色哪能让他借用呢？于是，他就命人把竹子砍（kǎn）去一截（jié）。解缙见了，就在对联下面各添（tiān）一字：

门对千竿竹短

家藏万卷书长

曹尚书更加生气，马上命人把竹子全部砍光。解缙见后又在对联下面各加一字：

门对千竿竹短无

家藏万卷书长有

这一次，曹尚书感到非常惊奇，就让人把解缙叫来。解缙来到曹家时，见正门关着，就高声说：“正门不开，这可不是迎客的道理。”曹尚书在门内说：“我出上联，如果你对得出下联，我便开门迎接。”接着念道：

小犬（quǎn）无知嫌（xián）路窄

解缙对道：

大鹏（péng）展翅恨（hèn）天低

曹尚书又念一联：

天作棋（qí）盘星作子，谁人敢下

解缙立刻接出下联：

地当琵琶（pípa）路当弦（xián），哪个能弹

曹尚书听解缙对答如流，连称“奇才”，马上开了正门迎接。解缙进屋后，曹尚书便问：“你父母是做什么的？”解缙想起父亲每天卖水，早晨、夜晚水桶里映出了太阳和月亮的影子，母亲纺（fǎng）线织布，双手忙个不停，就回答：

严父肩（jiān）挑日月

慈（cí）母手转乾坤（qiánkūn）

曹尚书听了，不得不佩（pèi）服解缙的奇才。

据说，他六七岁就能吟诗作对，人们都称他为“神童”。

专有名词 Proper Nouns

1. 解缙	Xiè Jìn	Xie Jin
2. 曹	Cáo	Cao, a surname
3. 明代	Míngdài	Ming Dynasty

巧	吟	砍	截	添	纺	佩

1.	巧	qiǎo	deft
2.	对	duì	bring (two things) into contact
3.	尚书	shàngshū	minister in the Ming and Qing dynasties
4.	学士	xuéshì	scholar
5.	才子	cáizǐ	gifted scholar
6.	吟	yín	chant
7.	神童	shéntóng	child prodigy
8.	相对	xiāngduì	opposite
9.	便	biàn	then
10.	对联	duìlián	antithetical couplet / rhyming couplet, written vertically down the side of a doorway
11.	借用	jièyòng	borrow
12.	砍	kǎn	cut
13.	截	jié	section
14.	添	tiān	add
15.	全部	quánbù	whole
16.	惊奇	jīngqí	wonder
17.	正门	zhèngmén	front door/gate
18.	念	niàn	read aloud
19.	对答如流	duìdárúliú	answer fluently
20.	奇才	qícái	prodigy
21.	影子	yǐngzi	shadow
22.	纺	fǎng	spin
23.	佩服	pèifú	admire

练习 Exercise

一、根据课文，判断对错。

1. 见到解缙贴的对联，曹尚书很不高兴。（　　）
2. 曹尚书要人把竹子砍光，是为了看到解缙。（　　）
3. 曹尚书要解缙对上他的上联才开正门。（　　）
4. 曹尚书知道解缙的父母是做什么的。（　　）

二、读一读，记一记，弄懂加点词的意思。

相对	针对	对面	绝对
影子	才子	样子	孩子
借用	采用	应用	实用
惊奇	震惊	吃惊	惊动
全部	全身	完全	全面

三、选词填空。

1. 大家都非常________（佩服　舒服）他的勇敢顽强。
2. 他说的是什么意思我________（全部　完全）不懂。
3. 请你给大家________（念　说）一段你学过的课文。
4. 他知道这么多的成语，我感到很________（惊奇　神奇）。

5. 王老师________（针对　相对）这个问题做了解释。

四、读一读，用“据说”改写下面的句子。

1. 德国人把花栽种在窗户外面。

听说德国人把花栽种在窗户外面。（据说）

____

听游客说，德国人把花栽种在窗户外面。（据说）

____

2. 这次评奖苏珊得了第一名。

听说这次评奖苏珊得了第一名。（据说）

____

听同学说，这次评奖苏珊得了第一名。（据说）

____

五、听对话，回答问题。

1. 大卫觉得对联是什么样子的？
2. 苏珊觉得大卫对的对联怎么样？
3. 大卫觉得自己对的对联怎么样？

六、小活动：对对联。

上网搜集一些中国的对联，查词典，理解对联的意思，然后讲给同学们听。如果可能，尝试自己用毛笔写一副对联。

七、阅读短文，体会一下对联中对仗的特点。

tiān duì dì， yǔ duì fēng， dà lù duì cháng kōng。
天对地，雨对风，大陆对长空。

shān huā duì hǎi shù， chì rì duì cāng qióng。
山花对海树，赤日对苍穹。

léi yǐn yǐn， wù méng méng， rì xià duì tiān zhōng。
雷隐隐，雾蒙蒙，日下对天中。

fēng gāo qiū yuè bái， yǔ jì wǎn xiá hóng。
风高秋月白，雨霁晚霞红。

综合练习一

Comprehensive Exercise I

一、读一读，找出同音字，并写一写。

评　奖　瓶　获　闷　莞　耐　图

番　睁　捕　补　吮　或　舍　惜

敌　途　征　牺　顽　既　佩　翻

二、拼一拼，写一写。

木：娄　支　黄　亢　　扌：斗　察　共　夫

楼

亻：半　以　印　尝　　氵：工　骨　泰　留

三、读一读，记一记。

照料父母　　照料病人　　照料动物　　照料士兵

发生战争　　发生灾难　　发生问题　　发生故事

要求工作　　要求战斗　　要求歇息　　要求接待

停止前进　　停止鼓掌　　停止擦洗　　停止摇动

四、选择和加点词意思最接近的词语。

1. 一只灰雀飞到我跟前。(　　)

A. 前进　　B. 眼前　　C. 跟着

2. 他获得了很多的奖赏。(　　)

A. 得到　　B. 捕获　　C. 值得

3. 爸爸觉察到苏珊不高兴了。(　　)

A. 考察　　B. 感觉　　C. 吃惊

4. 大家起劲地为大卫鼓掌。(　　)

A. 起来　　B. 鼓劲　　C. 用力

五、把括号中的词语放到句中合适的地方。

1. A 我心里难过，B 还是 C 和小狮子 D 分别了。(尽管)

(　　)

2. 老师问她 A 给 B 同学们 C 读一读 D 这首诗。(愿意不愿意)

(　　)

3. A 木兰不光 B 性格坚强，在战场上也 C 很 D 勇敢。(据说)

(　　)

4. 曹尚书 A 说解缙 B 对答如流，C 是 D 一位神童。（果然）

（　　）

六、排一排，读一读。

1. 木兰　非常勇敢　表现得　战斗中　在

2. 同学　都说　不愧是　小明　神童

3. 大家　胜利的　等待着　焦急地　消息

4. 来说　皮洛士　战争　得不偿失　对　这场

5. 沿途　我　很多　看到　漂亮的景色

七、听短文，选择正确的答案。

1. 经理认为大卫不满意的原因是（　　）。

A. 汤上错了

B. 汤不好喝

C. 服务员不热情

2. 大卫没法喝汤的原因是（　　）。

A. 汤不好喝

B. 汤上得太慢

C. 没有喝汤的勺子

八、阅读短文，回答问题。

画家和他的孙女

画家有一个六岁的孙女，叫婷婷。婷婷也喜欢画画儿。

婷婷画了一棵树。

他说："婷婷，你画的树不对。"

婷婷说："怎么不对呢？"

他说："树枝不对。"

婷婷说："树枝怎么不对呢？"

他说："树枝怎么能比树干粗呢？"

婷婷说："树枝怎么不能比树干粗呢？"

他说："那就不是树了。"

婷婷说："不是树你怎么说是树呢？"

他无话可说了。

婷婷又画了一匹马。

他说："婷婷，你画的那马不对。"

婷婷说："怎么不对呢？"

他说："马有翅膀吗？"

婷婷说："马没有翅膀。"

他说："那你为什么给马画了翅膀呢？"

婷婷说："我想让马长出翅膀来。"

他说："那就不是马了。"

婷婷说："不是马你怎么说是马呢？"

他又没话说了。

婷婷还画了一只老母鸡。老母鸡下了一个蛋。那蛋比老母鸡还大。婷婷就拿那画儿去参加一个国际儿童画展。结果，婷婷得了一等奖。画家心里就是不明白："这些评奖的大人，怎么跟小孩子没两样呢？"

（本文作者王奎山，有改动）

1. 对婷婷画的树和马，画家说了什么？最后又为什么没话可说了？
2. 婷婷的画儿为什么能得奖？

孙女	sūnnǚ	granddaughter
树干	shùgàn	tree trunk
粗	cū	wide (in diameter)

国际	guójì	international
画展	huàzhǎn	art exhibition
两样	liǎngyàng	different

九、写一写：我学汉语的那些事。

你学习汉语多长时间了？在学习汉语的过程中，你一定遇到过艰难，也有过成功的喜悦吧？试着把这些事写一写，不少于100字。

十、读一读，记一记。

凉州词

（唐）王翰（hàn）

pú tao měi jiǔ yè guāng bēi
葡萄美酒夜光杯，

yù yǐn pí pa mǎ shàng cuī
欲饮琵琶马上催。

zuì wò shā chǎng jūn mò xiào
醉卧沙场君莫笑，

gǔ lái zhēng zhàn jǐ rén huí
古来征战几人回。

从军行

（唐）王昌（chāng）龄（líng）

qīng hǎi cháng yún àn xuě shān
青 海 长 云 暗 雪 山，

gū chéng yáo wàng yù mén guān
孤 城 遥 望 玉 门 关。

huáng shā bǎi zhàn chuān jīn jiǎ
黄 沙 百 战 穿 金 甲，

bú pò lóu lán zhōng bù huán
不 破 楼 兰 终 不 还。

13 送小龟（guī）回家

妻子[zi]从市场买回来一只小龟，送给儿子玩。那天，儿子很高兴，和小龟玩了一天。可是小龟不吃也不喝。晚上，儿子担心地问："小龟为什么不吃饭呢？"我想了想回答："小龟大概想念爸爸妈妈了。"儿子听我这么说，便央求我们带着小龟去找它的爸爸妈妈。

外面正下着小雨。我们一家三口，相拥在一把小花伞下，带着小龟，来到了城西的河边。

夜色中，我们站在岸边。河水无语，秋雨在微风中飞舞吟唱。一只水鸟孤独（dú）地在水面上扇[shān]动着翅膀。

"小龟的家在河里吗？"儿子认真地问我。

我弯下腰对儿子说："是的。小龟的爸爸妈妈就住在河里。"

儿子这才小心翼翼地把小龟放在河边，轻轻向前一推："小龟回家吧。"

小龟缩（suō）着头，一动也不动。我们耐心地等着。

小龟终于伸出了脑袋，潇(xiāo)洒地摇了摇头，像是向我们致谢，又像是和我们道别。水面出现一圈圈美丽的涟漪(liányī)，小龟潜入水中，走了，永远地走了。

儿子很兴奋地投入我的怀抱，又投入妻子的怀抱，欢呼着："小龟找到爸爸妈妈啦——"

（本文作者杨进，有改动）

龟	独	缩	潇	涟	漪

1.	龟	guī	tortoise; turtle
2.	妻子	qīzi	wife
3.	市场	shìchǎng	market
4.	央求	yāngqiú	beg; plead
5.	微风	wēifēng	breeze
6.	飞舞	fēiwǔ	flutter; dance in the air
7.	吟唱	yínchàng	chant; sing
8.	水鸟	shuǐniǎo	waterfowl
9.	孤独	gūdú	lonely
10.	扇动	shāndòng	flap
11.	缩	suō	draw back
12.	耐心	nàixīn	patient
13.	潇洒	xiāosǎ	elegant and unconventional
14.	致谢	zhìxiè	extend thanks to
15.	道别	dàobié	say goodbye and leave
16.	涟漪	liányī	ripple
17.	投	tóu	fit in with
18.	怀抱	huáibào	embrace
19.	欢呼	huānhū	cheer

练习 Exercise

一、根据课文，判断对错。

1. 小龟是妻子从河边捉回来，送给儿子玩的。(　　)
2. 儿子央求“我”和妻子带他去送小龟回家。(　　)
3. “我们”把小龟送回了海里。(　　)
4. 小龟回家了，儿子高兴极了。(　　)

二、读一读，记一记。

热闹的市场	热烈地欢呼
孤独的背影	轻轻地扇动
足够的耐心	充满感情地吟唱
温暖的怀抱	恋恋不舍地道别

三、选词填空。

央求 | 要求

1. 妈妈________我照顾好身边欢蹦乱跳的妹妹，别让她摔倒。
2. 在我的多次________下，妈妈总算同意让我养一条小狗。

耐心｜粗心

3. 通过大卫的________讲解，我终于知道了茶里的文化。

4. 因为________，姐姐把一直带在身上的纪念金币弄丢了。

致谢｜谢谢

5. 我阻止了妹妹摘花儿之后，只见花儿在风里轻轻摇摆，像是在向我________。

6. ________你在我最艰难的时候给予的帮助。

四、读句子，说句子。

1. 儿子听我这么说，便央求我们带着小龟去找它的爸爸妈妈。

2. 听说这种花儿开起来很漂亮，姐姐便不假思索地买了一束。

3. ________________________________便记住了。

4. 医生说奶奶的病不要紧，________________________________。

五、听一听，选择正确的应答。

1. 正确的应答是（　　）。

A. 什么时候去市场？

B. 市场很热闹。

C. 好啊，一会儿见。

2. 正确的应答是（　　）。

A. 请告诉他不用客气。

B. 谢谢王先生。

C. 谢谢你。

3. 正确的应答是（　　）。

A. 我冻坏了。

B. 我很潇洒。

C. 我觉得很震惊。

六、从课文中找出你喜欢的句子并抄下来。

____

____

____

七、阅读短文，回答问题。

小龟回家

小龟潜入水中，清凉的河水带来家的感觉，让它高兴而又轻松。它伸出脑袋，舒展着四肢，自在地游着。游过碧绿的柔软的水草，游过成群结队的美丽的小鱼。一只小鱼围着它打了个转："小龟小龟，你去哪里啦？你爸爸妈妈到处找你，都担心坏了！”就在这个时候，小龟听到了熟悉的声音：“乖孩子，你去哪里了？我们都以为再也见不到你了。”啊，原来是爸爸妈妈游过来啦！“爸爸、妈妈，我回来了！”小龟说，“我遇到了善良的一家人，是他们把我送回了家。”

1. 找不到小龟，它的爸爸妈妈感觉怎么样？
2. 小龟为什么可以回家？

舒展	shūzhǎn	strech; spread oneself
柔软	róuruǎn	soft
熟悉	shúxi	familiar
善良	shànliáng	kind-hearted

14 鸟情

我喜欢养鸟，最成功的一次是养熟了一只喜鹊（què）。

有一天，父亲从外地挖河回来，捉到一只小喜鹊。是只小鸟，还不会飞。父亲说："你喜欢小鸟，给！"

我在院子里的石榴（liu）树上搭了一个窝，算是它的卧（wò）室。每天一放学，我就去给它捉小虫吃。夏天的傍晚，我常常睡在石榴树旁，把床（chuáng）头挨着它的卧室，以防有野东西伤害它。下雨的时候，我就把它捧进屋里，放在我的床边。我还给这位鸟友起了个绰（chuò）号，叫"小花"。就这样，不到放暑假，"小花"已经快长大了，而且和我有了感情。它常常伴我左右，和我一起玩。

有一件事让我至今难忘。暑假开学后的第一天，我和"小花"依（yī）依不舍地告了别，来到学校。第一堂课，就发生了一件难［nán］以预料的事。老师叫到我的名字时，我刚答［dā］应了一声"到"，只听"啊"的一声，一只鸟儿飞了进来，落到了我的肩（jiān）膀上。我一下子惊呆了，正是我的“小花”。我一把抱住它，顾不得老师和同学们的目光，用下巴抚摸它那缎（duàn）子似的羽毛。我非常担心，像闯了大祸（huò）一样，等待着老师的批（pī）评。老师没有批评，他怎么能责怪一只不善（shàn）于控（kòng）制自己感情的鸟儿呢？我偷偷地看看同学们，他们的眼里不仅有好奇，更多的是羡慕呢！

原来，那天我一离开家，它就尾随着我飞来，停在了教室门口。上课时听到我的声音，误以为我在招呼它，就从教室的窗口飞了进来。我真想象不出，一只小小的鸟儿，竟和人有这么深的感情。从此，我更加细心地照顾我的“小花”了。

（本文作者孙苏［sūn］，有改动）

夏天的傍晚，我常常睡在石榴树旁，把床头挨着它的卧室，以防有野东西伤害它。

卧	床	绰	依	肩	缎	祸	批	善	控

1. 外地 wàidì nonlocal; other places
2. 卧室 wòshì bedroom
3. 床 chuáng bed
4. 以防 yǐfáng in case
5. 伤害 shānghài hurt
6. 绰号 chuòhào nickname
7. 伴 bàn accompany
8. 至今 zhìjīn up to now
9. 依依不舍 yīyībùshě be reluctant to part
10. 预料 yùliào predict
11. 答应 dāying promise
12. 肩膀 jiānbǎng shoulder
13. 目光 mùguāng gaze
14. 下巴 xiàba chin; the lower jaw
15. 缎子 duànzi satin
16. 闯祸 chuǎnghuò get into trouble
17. 批评 pīpíng criticize
18. 责怪 zéguài blame
19. 善于 shànyú be good at
20. 控制 kòngzhì control
21. 偷偷 tōutōu stealthily; secretly
22. 尾随 wěisuí tail
23. 招呼 zhāohu notify
24. 细心 xìxīn careful; attentive

练习 Exercise

一、根据课文，回答问题。

1. “我”让“小花”住在哪里，吃什么？“我”又是怎么保护它的安全的？

2. “小花”做了一件什么事情令“我”难忘？为什么？

3. 这篇文章叫《鸟情》，你对这个“情”字是怎样理解的？

二、照例子，组词、造句子。

例：肩——肩膀——妹妹靠在爸爸的肩膀上睡着了。

1. 祸——

2. 善——

3. 控——

三、读一读，排一排。

1. 杰克　小动物　伤害　从来　不

____

2. 偷偷　准备了　给妈妈　生日礼物　我

____

3. 小喜鹊　来到了　门口　教室　尾随我

____

4. 闯祸　了　可　这下　他

____

5. 姐姐　一点儿　的样子　没有　责怪我

____

四、连一连，用“以防”把前后两个句子连起来。

例：我常常睡在石榴树旁，把床头挨着它的卧室，以防有野东西伤害它。

军队在密林中行进，	被车碰了。
你的动作快一点儿，	她的病更厉害。
放学回家的路上要注意安全，	被敌人发现。
你要细心照顾妹妹，	到晚了。

五、听对话，选择正确答案。

1. 对话最可能发生在什么地方？（　　）

A. 书店　　B. 教室　　C. 医院

2. 男的是什么意思？（　　）

A. 不欢迎客人来　　B. 不想收拾屋子　　C. 马上收拾屋子

3. 女的有什么特点？（　　）

A. 很细心　　B. 很耐心　　C. 很小心

六、小调查：调查你所在的城市有哪些常见的鸟，照例子填写下面的表格。

国家	地区	鸟的代表	其他常见的鸟
中国	北京	雨燕（swift）	麻雀（sparrow）、喜鹊、鸽子（pigeon）

七、阅读短文，完成练习。

喜鹊

在中国，由于喜鹊常常和好事联系在一起，代表着吉祥，所以一直被人们所喜爱，经常出现在剪纸或中国画中。

当然，喜鹊不仅在中国受欢迎，在英国著名的纽卡斯尔联队，他们的吉祥物也是喜鹊，传统队服也一直是黑白两色，他们也因此获得了自己的绰号——“喜鹊”。

1. 喜鹊在中国代表什么？（　　）

A. 吉祥　　B. 灾难　　C. 能力

2. 纽卡斯尔联队为什么被称为“喜鹊”？（　　）

A. 速度和喜鹊一样快

B. 衣服颜色和喜鹊相像

C. 喜鹊是当地吉祥物

吉祥	jíxiáng	lucky; auspicious; propitious
剪纸	jiǎnzhǐ	Chinese paper cutting
纽卡斯尔联队	Niǔkǎsī'ěrliánduì	Newcastle United Football Club
吉祥物	jíxiángwù	mascot
队服	duìfú	uniform

15　沙滩上的童话

这里是我们快乐的天地。

每天放学以后，我们就来到这里，把书包一扔，开始了我们有趣的活动。

在沙滩上，我们建起城堡（bǎo），城堡周围筑（zhù）起围墙，围墙外再插（chā）上干树枝，那是我们的树。

不知谁说了一句："这城堡里住着一个凶狠（xiōnghěn）的魔王。"

接着又有人补充："他抢去了美丽的公主！"

第三个小伙伴说："你们快听，公主在城堡里哭呢！"

转［zhuǎn］眼间，我们亲手建造的城堡变成了一座魔窟（kū），自己也成了攻打魔窟的勇士。我们又在一起商量着怎样攻下那城堡。

一个伙伴说："我驾驶（jiàshǐ）飞机轰炸（hōngzhà）。"有人反驳（bó）："那时候还没有飞机呢！"

我说："挖地道，从地下装上火药，把城堡炸平。"

我的方法得到了大家的赞赏。于是我们趴在沙堆(duī)上，从四面八方挖着地道。挖啊，挖啊，终于挖到了城堡下面。把手往上一抬，城堡就被轰塌(tā)了。

我们欢呼着胜利，欢呼着炸死了魔王，欢呼着救出了公主。

可是，公主在哪儿呢？

忽然，我发现妈妈就站在我们身后，微笑着望着我们。

我大声说："啊！公主被我们救出来了，救出来了！在这儿！"我抱住了妈妈。

大家跟着我一起叫喊着，欢呼着。

妈妈开心地笑了。一边笑，一边说："妈妈怎么能当公主呢？"

但我们这群孩子都坚持说，她就是被我们救出来的公主。

那时候，连我也忘记了她就是我的妈妈啊！

（根据金波《沙滩上的童话》改写）

那时候，连我也忘记了她就是我的妈妈啊！

堡筑插凶狠驾驶轰炸驳堆塌

1.	城堡	chéngbǎo	castle
2.	筑	zhù	build
3.	围墙	wéiqiáng	wall
4.	插	chā	stick in; insert
5.	凶狠	xiōnghěn	fierce and malicious
6.	伙伴	huǒbàn	partner; companion
7.	转眼	zhuǎnyǎn	happen in a flash
8.	亲手	qīnshǒu	personally
9.	建造	jiànzào	build; make; construct
10.	攻打	gōngdǎ	attack
11.	勇士	yǒngshì	warrior
12.	商量	shāngliang	discuss to consult
13.	驾驶	jiàshǐ	drive
14.	轰炸	hōngzhà	bomb
15.	反驳	fǎnbó	refute; confute
16.	火药	huǒyào	powder
17.	赞赏	zànshǎng	appreciate; admire
18.	堆	duī	mound
19.	四面八方	sìmiànbāfāng	from all sides; all around
20.	塌	tā	collapse; fall down
21.	忘记	wàngjì	forget

练习 Exercise

一、熟读课文，根据下面的图片提示，用自己的话说一说孩子们是怎样玩游戏的。

二、选词填空。

筑 | 插 | 炸 | 塌

1. 我的家是爸爸妈妈用爱为我______起的城堡。
2. 爷爷把折下的树枝______在泥土中，很多年后，小树枝变成了茂盛的大树。
3. 我们欢呼着______死了魔王，救出了公主。
4. 伙伴们才亲手把城堡建起来，又商量着怎么把它弄______。

三、用括号里的词语替换句中加点的部分。

1. 我和露西一直是好朋友。（伙伴）
2. 快尝尝，今天这顿饭可是我亲自做的！（亲手）
3. 我在中国当交换学生的生活很快就结束了。（转眼）
4. 我们来研究一下要怎样进攻魔王的城堡。（攻打）

四、读句子，说句子。

例：那时候，连我也忘记了她就是我的妈妈啊！

1. 他们分别时恋恋不舍的样子，连不相关的人看了也觉得难过。
2. 这个方法连王老师也非常赞赏，他怎么会不说好？
3. 双方的损失都很大，连________也____________。
4. ______________________________。

五、听短文，判断对错。

1. 骑马比赛每年都会举行。（　　）
2. 哥哥得了比赛的第一名。（　　）
3. 我和伙伴们都在和哥哥学骑马。（　　）

六、写一写你小时候最喜欢玩的游戏，讲给其他人听。

七、学唱歌曲。

蜗牛与黄鹂鸟

陈弘（hóng）文　词

阿门阿前一棵葡萄树
阿嫩阿嫩绿地刚发芽
蜗牛背着那重重的壳呀
一步一步地往上爬
阿树阿上两只黄鹂鸟
阿嘻阿嘻哈哈在笑它
葡萄成熟还早得很呐

现在上来干什么

阿黄阿黄鹂儿不要笑

等我爬上它就成熟了

蜗牛	wōniú	snail
黄鹂	huánglí	oriole
葡萄	pútao	grape
发芽	fāyá	sprout
壳	ké	shell

16 落 [luò] 花生

我们家的屋后有一块空 [kòng] 地。母亲说："让它荒 (huāng) 着可惜，既然你们爱吃花生，就开辟 (pì) 出来种花生吧。"我们姐弟几个都很高兴——买种的买种，动土的动土，浇水的浇水，没过几个月，居然收获了。

母亲说："今晚我们过一个收获节，请你们父亲也来尝尝我们的新花生。"

母亲把花生做成好几样食品，还吩咐 (fēnfù) 就在屋后的亭子里过这个节。

父亲来了，这实在难 [nán] 得。父亲说："你们爱吃花生吗？"

我们都争着回答："爱！"

"谁能说说花生的好处呢？"

姐姐说："花生很香。"

哥哥说："花生可以榨 (zhà) 油。"

我说："花生很便宜，许多人都能买来吃。"

父亲说：“花生的好处固然很多，但有一样是很可贵的。它把果实埋（mái）在地里，必须挖出来才能看到。不像苹（píng）果、桃子、石榴那样，把鲜红嫩（nèn）绿的果实高高地挂在枝头，使人一见就生羡慕之心。”

我们都说是，母亲也点点头。

父亲接着说：“所以你们要像花生，虽然不好看，可是有用，是实用的东西。”

我说：“那么，做人也要做有用的人，不要做只讲好看而对别人没有好处的人。”

父亲点点头：“对。这正是我对你们的希望。”

我们谈到深夜才散。花生做的食品都吃完了，父亲的话却深深地印在了我的心上。

（本文作者许地山，有改动）

让它荒着可惜，既然你们爱吃花生，就开辟出来种花生吧。

荒 辟 吩 咐 榨 埋 苹 榴 嫩

1. 落花生 luòhuāshēng peanut
2. 空地 kòngdì vacant lot
3. 荒 huāng waste
4. 开辟 kāipì open up
5. 动土 dòngtǔ plough
6. 居然 jūrán unexpectedly
7. 收获 shōuhuò harvest
8. 食品 shípǐn food
9. 吩咐 fēnfù tell; instruct
10. 过节 guòjié celebrate a festival
11. 实在 shízài indeed; really
12. 难得 nándé rare; seldom
13. 榨 zhà squeeze; press
14. 固然 gùrán to be sure; of course
15. 可贵 kěguì valuable; precious
16. 埋 mái cover; bury
17. 石榴 shíliu pomegranate
18. 鲜红 xiānhóng bright red
19. 嫩绿 nènlǜ light green
20. 做人 zuòrén conduct oneself

练习 Exercise

一、根据课文，填写下表。

花生的好处	
花生最可贵之处	
花生对做人的启发	

二、选词填空。

榨 | 嫩绿 | 鲜红 | 空地

我家后面的________上有一棵石榴树。春天来了，树上长出了________的叶子。夏天到了，树上开出了火一样的花。花落了，结出了许多________的石榴。我和妹妹都盼着石榴快点儿成熟。用石榴________的果汁好喝极了！

三、读一读，把下面的词语分成三类。

动土　收获　杨桃　桃子　浇灌　栽种　埋

苹果　石榴　鲜红　嫩绿　灰色　粉红

颜色：________________

水果：________________

劳动：________________

四、用“既然……就……”改写句子。

1. 让地荒着怪可惜的，你们爱吃花生，开辟出来种花生吧。

____

2. 老师吩咐了，你们照做吧。

____

3. 你们去玩的时候正好赶上石榴收获，买一些回来吧。

____

4. 了解了竹子不怕严寒的可贵精神，我们要学习它。

____

五、听句子，选择正确的答案。

1. 大卫回来了，说话人觉得怎么样？（　　）

A. 没想到　　B. 很赞赏　　C. 依依不舍

2. 说话人更喜欢什么？（ ）

A. 鲜花　　B. 叶子　　C. 果实

3. 说话人认为王老师最可贵的是什么？（ ）

A. 上了大学　　B. 去支教　　C. 留在了支教的地方

六、你栽种过什么植物吗？和同学们讲一讲你种的什么，怎么种的，以及看到它长大、开花或者收获时的感受。

七、阅读短文，判断对错。

有趣的落花生

你知道吗？与我们的生活有密切关系的花生，是唯一在地面上开花、在地面下结果实的植物，而且一定要在黑暗的地面下才能结出果实，所以人们又把“花生”称为“落花生”。花生可以做成很多的食品，比如花生糖、花生酱、花生油等。花生虽然美味有营养，但是也有很多人对花生过敏，要特别小心。对了，著名的动画人物“史努比”，最早就发表在《花生漫画》上的。

1. 花生是唯一在地面上开花、在地下结果实的植物。（ ）

2. 花生是一种很实用的植物。（ ）

3. 花生美味又有营养，所有的人都应该多吃。（ ）

唯一	wéiyī	one and only
地面	dìmiàn	ground; the earth's surface
开花	kāihuā	bloom
花生糖	huāshēngtáng	peanut brittle
花生酱	huāshēngjiàng	peanut butter
花生油	huāshēngyóu	peanut oil
营养	yíngyǎng	nutrition
过敏	guòmǐn	allergy
史努比	Shǐnǔbǐ	Snoopy
花生漫画	Huāshēng Mànhuà	PEANUTS

植物的迁徙(qiānxǐ, migration)

葡萄

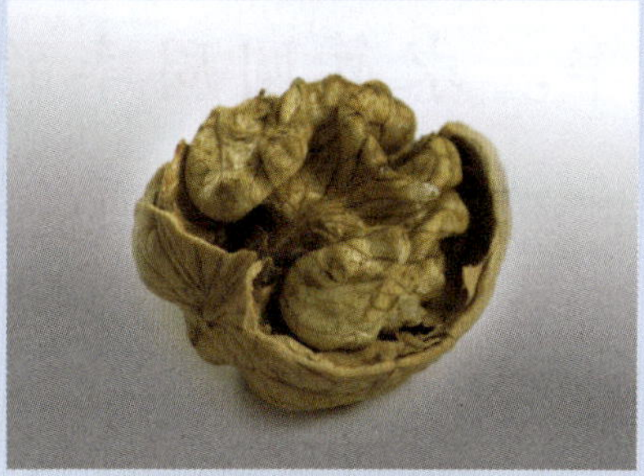
核桃

洋葱

西红柿

很多在中国很常见的植物，本来是生活在遥远的地球的另一边的。比如：在中国被广泛（guǎngfàn, extensive）种植（zhòngzhí, plant）的葡萄、核桃（hétao, walnut）、石榴等，都是很久以前从外国传到中国的。

实际上，有些植物的名字就透露（tòulù, reveal）着这样的信息，比如洋葱（yángcōng, onion）、西红柿等。这些植物离开家乡，来到遥远的异国（yìguó, foreign country），充满生机(shēngjī, vitality)，真是太神奇了。

17 量[liáng]车轮的孩子

学过数学的人都知道，计算圆的周长要用到圆周率。求算圆周率的值一直是许多数学家致力研究的课题。一千五百多年前，祖(zǔ)冲之第一次精确地把它的值推算到小数点后七位，即在3.1415926和3.1415927之间[jiān]。

祖冲之小时候非常喜欢数学和天文学。

一天晚上，祖冲之躺在床上想：老师说"圆的周长是直径(jìng)的三倍(bèi)"，这话对不对？第二天一早，他就拿了一根绳子，跑到村口大路旁，等待来往的车辆。一会儿，来了一辆马车，祖冲之拦(lán)住马车，对驾车的老大爷说："我用绳子量量您的车轮，行吗？"老人点点头。祖冲之先用绳子量了量车轮的周长，又把这段绳子折成同样长的三段，再去量车轮的直径。他发现车轮的直径没有圆周的三分之一长。他一连量了好几辆马车的车轮，结果都一样。这到底是怎么回事呢？他决心要解开这个谜。

那个时候的数学演算，主要通过纵(zòng)横相间[jiàn]

地罗(luó)列小木棍(gùn)，用类似珠算的方法来进行计算。他每天从早到晚一遍遍地挪(nuó)动小木棍，进行演算。经过几十年的研究，祖冲之终于找到了答案。

那个时候的数学演算，主要通过纵横相间地罗列小木棍，用类似珠算的方法来进行计算。

专有名词 Proper Noun

祖冲之	Zǔ Chōngzhī	Zu Chongzhi, the name of a famous mathematician in Nanbei Dynasty

径倍拦纵罗棍挪

1.	量	liáng	measure
2.	车轮	chēlún	wheel
3.	致力	zhìlì	be devoted to
4.	课题	kètí	topic
5.	精确	jīngquè	accurate
6.	推算	tuīsuàn	calculate
7.	即	jí	that is
8.	间	jiān	between
9.	直径	zhíjìng	diameter
10.	倍	bèi	times
11.	来往	láiwǎng	come and go
12.	车辆	chēliàng	vehicle
13.	拦	lán	stop
14.	驾	jià	drive
15.	折	zhé	fold
16.	同样	tóngyàng	same
17.	演算	yǎnsuàn	calculus
18.	纵横	zònghéng	vertical and horizontal
19.	相间	xiāngjiàn	alternate with
20.	罗列	luóliè	list
21.	棍	gùn	stick
22.	类似	lèisì	similar
23.	珠算	zhūsuàn	counting with an abacus
24.	挪动	nuódòng	move

练习 Exercise

一、根据课文，判断对错。

1. 祖冲之的老师告诉他，圆的周长是直径的三倍。(　　　)
2. 祖冲之拦住老人的马车，想要一个车轮。(　　　)
3. 祖冲之是用计算器算出圆周率的值的。(　　　)
4. 祖冲之把圆周率的值精确计算到小数点后七位。(　　　)

二、读一读，记一记，理解加点词的意思。

值　　直径　周长　**半径**　圆周率

演算　计算　推算　珠算　**计算机**

三、选词填空。

计算 | 推算

1. 根据我的________，他这次比赛只能获得第二名。
2. 如果会背乘法口诀，很多题目在心里就可以________出答案。

相间 | 中间

3. 这种设计采用了类似斑马一样黑白________的颜色，看上去很有特色。

4. 在你的几个伙伴________，谁是真正的勇士？

课题 | 课程

5. 既然你罗列了这么多学习这门________的好处，那就和我一起学吧。

6. 在大自然中，人和动物如何友好地共同生存，这是一个值得认真研究的________。

四、照例子，用“通过”组句子。

例：那个时候的数学演算　是　纵横相间地罗列小木棍　用类似珠算的方法来进行计算

那个时候的数学演算，是通过纵横相间地罗列小木棍，用类似珠算的方法来进行计算。

1. 努力的钻研　他　发现了新的定律

2. 一次又一次的胜利　他　证明了自己的能力

3. 丈夫的病　妻子的精心照料　慢慢好起来了

4. 她　栽种各种花草　度过了老年时光

五、听对话，选择与对话意思相符的句子。

1. 与对话意思相符的句子是（　　）。

A. 这两座城市离得很远。

B. 路上的车辆都是去同一座城市的。

C. 这条路上有很多车来往。

2. 与对话意思相符的句子是（　　）。

A. 现代中国人都用珠算。

B. 女人也会珠算。

C. 现在珠算已经不那么流行了。

3. 与对话意思相符的句子是（　　）。

A. 这是老师和同学之间的对话。

B. 这节课讲了马车的故事。

C. 这节课讲了关于车轮的故事。

六、小活动

查找工具书，了解数学符号的中英文表达，填在下面的表格里。

数学符号	英文	中文	数学符号	英文	中文
+			=		
-			π		
×			d		
÷			r		

七、阅读短文，判断对错。

祖冲之环形山

祖冲之是中国古代著名的数学家和天文学家。他的爷爷和父亲当时负责国家的土木工程，他也从小就学习了很多科学知识。祖冲之在数学、天文学和机械等方面都有很大的成就。

祖冲之在天文学方面的成就闻名世界，比如：他推算出了日食和月食的时间，计算出了木星的公转周期，还有水星和木星的会合周期等，这些都和今天的科学家们计算出的值差不多。

国际天文学联合会（IAU）为了纪念他，把月球上的一座环形山命名为“祖冲之环形山”，将小行星1888命名为“祖冲之星”。

1. 祖冲之只在数学和天文学方面有很大的成就。（　　）
2. 祖冲之在天文学方面演算出的结果都非常精确。（　　）
3. 月球又被称为“祖冲之星”。（　　）

环形山	huánxíngshān	lunar crater
土木工程	tǔmù gōngchéng	civil engineering
机械	jīxiè	mechanics
方面	fāngmiàn	aspect
成就	chéngjiù	achievement
木星	mùxīng	Jupiter
公转	gōngzhuàn	revolution
周期	zhōuqī	cycle
水星	shuǐxīng	Mercury
会合	huìhé	meet

18 发明麻醉剂 (jì) 的人

一千七百多年前，中国有一位著名的大 [dài] 夫叫华佗 (Huà Tuó)。他医术高超，被人们称为“神医”。那时候没有麻醉药，动手术时病人非常痛苦，华佗因此深感不安。

有一次，一个小孩儿胳膊 (gēbo) 上长了毒疮 (dúchuāng)，华佗要给他动手术，那个小孩儿疼得又哭又叫，又蹦又跳。华佗只好叫来几个大 [dà] 汉把他死死地按住，又用绳子捆 (kǔn) 起来，才把手术做完。

看着疼得死去活来的孩子，华佗想：有什么办法能叫病人不疼呢?

说来也巧，这一天，几个人抬着一个折 [shé] 了腿的大汉来找华佗。华佗给他动手术时，那个人既没有挣扎 (zhēngzhá)，也没有喊叫，老老实实地让人摆布。手术顺利地做完了，他还在昏 (hūn) 睡，一点儿也看不出有什么痛苦。

原来，这个人喝醉了酒，直到手术做完还没醒过来。

看着他，华佗沉思起来：如果有一种药，病人吃下去，就像醉了一样，再动手术不就没有痛苦了吗？

从此，华佗留心搜（sōu）集各种草药进行试验，终于研制出了一种麻醉剂——麻沸（fèi）散。病人喝了它，就会昏睡过去，手术结束后才能慢慢苏（sū）醒。

华佗就是这样发明出了麻醉剂。

那个小孩儿疼得又哭又叫，又蹦又跳。

专有名词 Proper Noun

华佗	Huà Tuó	Hua Tuo, the name of a famous doctor in Donghan Dynasty

剂	胳	膊	毒	疮	捆	挣	扎	昏	搜	苏

1.	麻醉剂	mázuìjì	anaesthetic
2.	大夫	dàifu	doctor
3.	医术	yīshù	medical skill
4.	高超	gāochāo	excellent
5.	神医	shényī	highly skillful doctor
6.	手术	shǒushù	operation
7.	不安	bù'ān	uneasy
8.	胳膊	gēbo	arm
9.	毒疮	dúchuāng	noxious sore
10.	大汉	dàhàn	big / hefty man
11.	按	àn	push down
12.	捆	kǔn	tie
13.	死去活来	sǐqùhuólái	hover between life and death
14.	折	shé	snap
15.	挣扎	zhēngzhá	struggle
16.	老实	lǎoshi	honest
17.	摆布	bǎibù	order about
18.	昏睡	hūnshuì	be in a lethargic state
19.	醉	zuì	drunk
20.	沉思	chénsī	contemplate
21.	留心	liúxīn	be careful
22.	搜集	sōují	collect
23.	草药	cǎoyào	herbal medicine
24.	苏醒	sūxǐng	wake up

练习 Exercise

一、根据课文和下面的线索，讲一讲华佗是怎样发明麻醉剂的。

痛苦的病人 → 又哭又叫的孩子 → 昏睡的醉汉 → 各种草药

二、读句子，选字填空。

1. 他抬起胳______（脯　膊），突然觉得肩膀很疼。
2. 老人把干草______（捆　困）起来，堆在空地上。
3. 尽管他拼命______（睁　挣）扎，还是没能游上岸。
4. 不知不觉中，她竟然______（昏　晕）睡了三天三夜。
5. 你脸上怎么长了毒______（疮　创）？快去医院看看吧。

三、读一读，想一想。

麻醉—喝醉—沉醉

昏睡—沉睡—睡觉

沉思—沉醉—沉睡

留心—关心—担心

苏醒—睡醒—提醒

摆布—摆动—摇摆

医术—技术—手术

草药—火药—麻醉药

四、读句子，说句子。

1. 那个小孩儿疼得又哭又叫，又蹦又跳。
2. 乔治的房间总是干净得没有一点儿尘土。
3. 听到这个消息，她高兴得＿＿＿＿＿＿。
4. ＿＿＿＿＿＿＿＿＿＿＿＿＿＿。

五、听对话，判断对错。

1. 女人已经去过45个国家了。（　　）
2. 男人正在收拾行李。（　　）
3. 女孩儿哭得很伤心，是因为不愿意爸爸离开。（　　）

六、中医和西医看病的方式不同。请比较一下感冒发烧时，中西医都怎样诊断？吃什么药？怎样治疗？

七、阅读短文，回答问题。

刮骨疗毒

三国时期，在一次战斗中，关羽右边的胳膊被敌人的毒箭射中，一动也不能动了。

人们请来“神医”华佗来为他看病。华佗看了关羽的胳膊之后，说：“毒药已进入骨头，现在必须割开皮肉，刮去骨头上的毒药。不过，因为刮骨会非常疼，请允许我把您的胳膊捆起来，您不要害怕。”关羽大笑着说：“这有什么可怕的？不用捆，我接着和我的朋友下棋，您就放心地做手术吧。”

于是华佗取出手术刀，割开关羽胳膊上的皮肉，用刀刮骨头上面的毒。旁边的人都闭上眼睛不敢看，关羽却一边喝酒，一边下棋，有说有笑的。

不久，手术做完了，关羽笑着站起来，说：“这只胳膊又跟原来一样了，您真不愧是神医啊！”华佗也感慨道：“我当了这么久医生，还没见过您这样坚强的，您真是天神啊！”

（根据《三国演义》故事改写）

1. 华佗为什么要把关羽捆起来？（　　）

A. 他怕被关羽杀了。

B. 他想杀了关羽。

C. 他怕关羽疼得又跳又叫。

2. 华佗为什么说关羽是“天神”？（　　）

A. 因为关羽下棋下得好。

B. 因为关羽非常坚强，不怕手术的疼痛。

C. 因为关羽打仗很勇敢。

三国时期	Sānguó Shíqī	The period of the Three Kingdoms
关羽	Guān Yǔ	Guan Yu (a name)
毒（药）	dú（yào）	poison (medicine)
射	shè	shoot
骨头	gǔtou	bone
割	gē	cut
皮肉	píròu	the flesh
刮	guā	scrap
天神	tiānshén	the gods

19 让火车上山

詹(Zhān)天佑(yòu)是中国近代的一位铁路工程(chéng)学家。他一生设计、修建了十几条铁路。有名的京张铁路，就是由他担任总工程师修建而成的。这项工程非常艰巨，当时一些外国著名的工程师都觉得无法完成。詹天佑不怕困难，承担(chéngdān)了这个项目。

京张铁路从北京到张家口，全长大约两百千米，要经过很多高山，不得不开凿(záo)隧(suì)道。其中，居庸(yōng)关和八达岭(lǐng)两个隧道的工程最艰巨。居庸关山势(shì)高，岩层厚(hòu)，詹天佑决定采用从两端同时向中间凿进的办法，加快了工程的进度。八达岭隧道长一千一百多米，有居庸关隧道的三倍长。他决定采用中部凿井法。先从山顶往下打一口竖井，再分别向两头开凿，两头也同时施(shī)工，把工期缩(suō)短了一半。

铁路经过一个叫青龙桥的地方，山很陡(dǒu)，怎么才能让火车爬上陡坡(pō)呢？詹天佑顺着山势，设计了一种"人"字形线路。北上的列车到了青龙桥附近，就用两个火车头，一个在前边拉，一个在后边推。列车缓 (huǎn) 缓向东北前进。等列车过了"人"字形线路的岔 (chà) 道口，原先推的火车头拉，原先拉的火车头推，使列车折向西北前进。这样一来，火车上山就容易多了。

这条铁路不到四年就全线竣 (jùn) 工了，比原来的计划提早了两年。

原先推的火车头拉，原先拉的火车头推，使列车折向西北前进。

专有名词 Proper Nouns

1. 詹天佑	Zhān Tiānyòu	Zhan Tianyou, (a name)
2. 张家口	Zhāngjiākǒu	Zhangjiakou
3. 居庸关	Jūyōng Guān	Juyongguan
4. 八达岭	Bādá Lǐng	Badaling
5. 青龙桥	Qīnglóng Qiáo	Qinglong Bridge

承	凿	隧	势	厚	施	陡	坡	缓	岔	竣

1.	近代	jìndài	modern
2.	铁路	tiělù	railway
3.	一生	yìshēng	lifetime
4.	修建	xiūjiàn	construct
5.	担任	dānrèn	serve as
6.	项	xiàng	item
7.	艰巨	jiānjù	arduous
8.	承担	chéngdān	undertake
9.	开凿	kāizáo	dig
10.	隧道	suìdào	tunnel
11.	山势	shānshì	mountain features
12.	厚	hòu	thick
13.	进度	jìndù	speed of progress
14.	分别	fēnbié	respectively
15.	施工	shīgōng	carry out a construction project
16.	缩短	suōduǎn	shorten
17.	陡坡	dǒupō	steep
18.	列车	lièchē	train
19.	缓	huǎn	slowly
20.	岔道	chàdào	side road
21.	原先	yuánxiān	original
22.	使	shǐ	make
23.	竣工	jùngōng	be completed
24.	计划	jìhuà	plan
25.	提早	tízǎo	do something in advance

练习 Exercise

一、根据课文和提示，画一画八达岭隧道的开凿示意图和青龙桥铁路图。

1. 中部凿井　竖井　两头

八达岭隧道图

2. 山势　人字形　岔道口　推　拉

青龙桥铁路图

二、读一读，记一记。

修建铁路	艰巨的工程
缩短工期	原先的计划
承担工作	一生的胜利
开凿隧道	前进的列车

三、选词填空。

进度 | 列车 | 缩短 | 前进 | 修建

我的家在张家口，每次从北京坐火车回家，都要经过一个叫作青龙桥的地方。每当这时，火车的速度就会慢下来。________先缓缓地开向东北方向，过了一会儿，又换了个方向，朝西北方向________了。这时，车上的人们一定会谈论起詹天佑这个人。他一生设计、________了很多条铁路，可是，最受人们赞赏的还是京张铁路。在居庸关，他采用了从两端同时向中间凿进的方法，加快了工程的________；在八达岭，他又采用了中部凿井法，________了工期；在青龙桥，他设计了“人”字形线路。这些技术在当时的中国都是非常领先的。

四、把“使”放在句中合适的位置。

1. 这样，两个火车头A列车B折向西北C前进。（　　）
2. 华佗的技术A所有的人都B佩服C。（　　）

3. 我们怎么 A 可能 B 每个人都 C 满意呢？（　　）

4. 这件事 A 我们再一次 B 认识到 C 保护环境对人类的重要。（　　）

五、听一听，选出正确的应答。

1. 正确的应答是（　　）。

A. 这座山真漂亮啊！

B. 詹天佑开凿的就是这座山。

C. 我才不怕困难呢。

2. 正确的应答是（　　）。

A. 我觉得差不多。

B. 我想承担这个项目。

C. 我想他们走到岔道上了。

3. 正确的应答是（　　）。

A. 你说的是那位小说家吗？

B. 我想他是一位工程师。

C. 对，他修建了这条铁路。

六、小调查：随着社会的发展，越来越多的新技术使我们的生活发生了巨大的变化。请查找相关资料，了解现在的铁路建设有哪些新技术，讲给同学们听一听。

七、朗读土耳其诗人塔朗吉的诗歌《火车》。

去什么地方呢？这么晚了，
美丽的火车，孤独的火车？
凄苦是你汽笛的声音，
令人记起了很多事情。

为什么我不该挥舞手巾呢？
乘客多少都跟我有亲。
去吧，但愿你一路平安，
桥都坚固，隧道都光明。

（余光中　译）

凄苦	qīkǔ	suffering tragically
汽笛	qìdí	steam whistle
手巾	shǒujīn	towel
乘客	chéngkè	passenger
亲	qīn	relatives
但愿	dànyuàn	if only
一路平安	yílùpíng'ān	bon voyage
坚固	jiāngù	strong
光明	guāngmíng	light

20 捞(lāo)铁牛

宋(sòng)朝的时候，有一次黄河发大水，冲断了一座浮桥。黄河两岸拴(shuān)浮桥的八只大铁牛也被大水冲走了，陷(xiàn)在河底的淤(yū)泥里。

洪(hóng)水退(tuì)了，浮桥得重[chóng]修。可是笨重[zhòng]的铁牛陷在河底，有哪个大力士能把它们一只一只捞起来呢？人们议论纷(fēn)纷，一个叫怀丙(bǐng)的和尚说："让我来试试。铁牛是被水冲走的，我还叫水把它们送回来。"

他先请熟悉(xī)水性的人潜入水底，摸清了八只铁牛沉在哪儿。然后让人准备了两只很大的木船，船上装满泥沙，划到铁牛沉没[mò]的地方。船停好了，他叫人把两只船并排拴得紧紧的，用结实的木料搭个架子，跨(kuà)在两只船上。又请熟悉水性的人，带了很粗(cū)的绳子潜到水底，把绳子的一头牢(láo)牢地拴住铁牛，另一头绑(bǎng)在两只大船之间的架子上。

准备工作做好了，怀丙请水手们一起动手，把船上的泥沙都铲（chǎn）到黄河里。船里的泥沙慢慢地减少（jiǎnshǎo），船身慢慢地向上浮，拴住铁牛的绳子越绷（bēng）越紧。船靠着水的浮力，把铁牛从淤泥里一点儿一点儿地向上拉。

船上的泥沙铲光了，铁牛也离开了河底。怀丙不急着把铁牛捞上船，而是让水手们使劲把船划到岸边，再让许多人一起用力，把水里的铁牛拖上了岸。

怀丙用这样的办法，把八只笨重的铁牛，一只一只地拖了回来。

又请熟悉水性的人，带了很粗的绳子潜到水底，把绳子的一头牢牢地拴住铁牛，另一头绑在两只大船之间的架子上。

专有名词 Proper Nouns

1. 宋朝	Sòngcháo	the Song Dynasty
2. 怀丙	Huái Bǐng	Huai Bing
3. 黄河	Huáng Hé	the Yellow River

捞	拴	陷	洪	退	纷	悉	跨	粗	牢	绑	减

1.	捞	lāo	dredge up
2.	断	duàn	be broken
3.	拴	shuān	tie
4.	陷	xiàn	get stuck
5.	洪水	hóngshuǐ	flood
6.	退	tuì	back
7.	重修	chóngxiū	repair
8.	笨重	bènzhòng	heavy
9.	大力士	dàlìshì	a man of unusual strength
10.	纷纷	fēnfēn	numerous and confused
11.	熟悉	shúxi	be familiar with
12.	水性	shuǐxìng	swimming ability
13.	潜入	qiánrù	dive into
14.	沉没	chénmò	sink
15.	并排	bìngpái	be side by side
16.	跨	kuà	straddle
17.	粗	cū	wide
18.	牢	láo	firm
19.	绑	bǎng	tie
20.	水手	shuǐshǒu	seaman
21.	减少	jiǎnshǎo	reduce
22.	浮	fú	float
23.	使劲	shǐjìn	exert all one's strength

练习 Exercise

一、根据课文，给下面的图片排序。

二、读一读，记一记。

断——冲断——冲断浮桥

议——议论——议论纷纷

熟——熟悉——熟悉水性

浮——浮力——水的浮力

笨——笨重——笨重的铁牛

实——结实——结实的木料

三、选词填空。

1. 他们终于把那头牛______倒在地上了，他急忙用绳子把牛______起来，又把绳子______到了树上。（　　）

A. 驾　按　拦

B. 拦　绑　拴

C. 按　绑　拴

2. 这么______的棍子竟然______了！一定是哪个“大力士”把它弄______的。（　　）

A. 粗　折　牢

B. 牢　断　折

C. 粗　断　折

3. 那艘船早在几百年前就______到河底的淤泥里了，很多水手多次______水底，却什么也没______上来。（　　）

A. 陷　潜入　捞

B. 潜入　沉没　拖

C. 沉没　潜入　浮

四、看图，照例子用“之间”完成句子。

1. 把绳子绑在两只大船之间的架子上。

2. 圆周率的值在________________。

3. 大象馆在________________。

4. 苏珊常常在__________________。

五、听短文，选择正确答案。

1. “我”小时候的梦想是什么？（　　）

   A. 当一名游泳运动员

   B. 天天在河里游泳

   C. 做一位水手

2. 为了实现“我”的梦想，“我”是怎么做的？（　　）

   A. 每天练习游泳

   B. 每天计算时间

   C. 每天去学校上学

3. “我”现在是做什么的？（　　）

   A. 旅行家

   B. 游泳运动员

   C. 水手

六、小讨论：曹冲利用浮力知道了大象的重量，阿基米德

洗澡时发现了浮力和体积的关系，怀丙利用浮力捞出了铁牛。你还知道生活中哪些利用浮力的现象？请你找一找，并讲给大家听。

七、阅读短文，完成练习。

浮力和读书

南宋诗人朱熹（xī）写过一首非常有名的诗，诗里写了水把巨大的船浮起来的样子，诗的名字是《观书有感》。

昨夜江边春水生，艨艟巨舰一毛轻。

向来枉费推移力，此日中流自在行。

这首诗表面的意思是：昨天晚上江水大涨，停在江边的那艘巨大的船变得像羽毛一样轻。以前那么用力推不动它，今天它却在水面上自在地移动。

可是这首诗为什么叫《观书有感》呢？“观书”就是看书、学习的意思，发大水的江和看书又有什么关系呢？诗人在这里用了比喻的方法，说出了读书的道理：如果读的书越多，积累的知识就越多，这就像江的水一样变得越来越多了。这些知识就会像涨起来的江水一样产生很大的“浮力”，能使我们在知识的“海洋”中自由地航行。

1. 请试着把短文中的诗翻译成英文。

2. 你还知道哪些关于读书的诗或名言，请说两句。

诗人	shīrén	poet
艨艟	méngchōng	a kind of ancient war vessel protected with cowhide
舰	jiàn	ship
涨	zhǎng	rise
羽毛	yǔmáo	feather
移动	yídòng	move
比喻	bǐyù	metaphor
读书	dúshū	reading books, learning
积累	jīlěi	accumulate
自由	zìyóu	freedom
航行	hángxíng	sail

21 女娲(wā)补天

自从女娲创造了人类，大地上到处欢歌笑语，人们过着快乐幸福的生活。

不知过了多少年，一天夜里，女娲突然被一阵“轰隆隆”的巨响震醒了。她急忙起床，跑到外面一看，天哪，太可怕了！远处的天空塌下一大块儿，露出一个黑黑的大窟窿(kūlong)。地也震裂(liè)了，出现了一道道深沟。山冈(gāng)上燃烧着熊熊大火，许多人被围困在山顶上。田(tián)野里到处是洪水，人们在水中苦苦挣扎。

看到这些，女娲难过极了。她立刻去找雨神，求他下一场雨，把天火熄(xī)灭。接着又造了许多小船，救出在洪水中挣扎的人们。

不久，天火熄灭了。可是，天上的大窟窿还在冒(mào)火。女娲决定冒着生命危险，把天补上。于是，她跑到山上，寻找补天用的红、黄、蓝、白、青五种颜色的石头。她原以为这种石头很多，用不着费多大力气。可是，到山上一看，全是一些零零星星的小块儿。她忙了几天几夜，才找到了红、黄、蓝、白四种颜色的石头，但是还缺少 [shǎo] 一种纯青石。于是，她又找啊找啊，终于在一眼清清的泉 (quán) 水中找到了。

五彩石找齐了。女娲先在地上挖个圆坑 (kēng)，把五彩石放在里面，用神火进行冶 (yě) 炼。炼了五天五夜，五彩石化成了很稠的液体。女娲把它装在一个大盆 (pén) 里，端到天边，对准那个大黑窟窿，往上一泼 (pō)，只见金光四射 (shè)，大黑窟窿立刻补好了。

现在，人们常常看见天边五彩的云霞，传说那就是女娲补天的地方。

自从女娲创造了人类，大地上到处欢歌笑语，人们过着快乐幸福的生活。

专有名词 Proper Noun

女娲	Nǚwā	Nüwa, a goddess in Chinese mythology

窟窿裂田熄冒泉坑冶盆泼射

1.	欢歌笑语	huāngēxiàoyǔ	happy singing and cheerful talking
2.	窟窿	kūlong	hole; hollow
3.	裂	liè	split; crack
4.	燃烧	ránshāo	burn
5.	熊熊	xióngxióng	flaming; blazing
6.	围困	wéikùn	besiege
7.	田野	tiányě	field; open country
8.	苦苦	kǔkǔ	hard; painfully
9.	熄灭	xīmiè	extinguish; go out
10.	冒	mào	emit; give off
11.	费	fèi	spend
12.	力气	lìqi	strength; effort
13.	零星	língxīng	fragmentary
14.	缺少	quēshǎo	lack; be short of
15.	泉水	quánshuǐ	spring
16.	五彩	wǔcǎi	multicoloured; colourful
17.	坑	kēng	pit
18.	冶炼	yěliàn	smelt
19.	液体	yètǐ	liquid
20.	盆	pén	basin
21.	准	zhǔn	aim at
22.	泼	pō	spill; splash
23.	射	shè	emit

练习 Exercise

一、熟读课文，根据提示，用自己的话说一说“女娲补天”的过程。

天崩地裂 → 洪水滔滔 → 找五彩石 → 炼五彩石 → 补大窟窿 → 五彩云霞

二、读一读，记一记。

冒　冒火　冒冷汗　冒着生命危险

费　费劲　费力气　费了不少工夫

炼　炼铁　炼矿物　炼一种纯青石

泼　泼水　泼冷水　泼了一地脏水

射　射箭　射敌人　射入对方一球

三、选词填空。

围 | 围困

1. “这里的景色真是太漂亮了！”我们________着五彩的泉水欢呼起来。

2. 我们的大军已经把敌人________在了前面的山冈上。

减少｜缺少

3. 生活中不是________美，而是________发现美的眼睛。

4. 天气越来越热，盆里的水一天天在________。

锻炼｜冶炼

5. 女娲把五彩石放在圆坑里________了五天五夜。

6. 自从上个月开始，大卫每天冒着严寒________身体。

四、读句子，写句子。

1. 自从女娲创造了人类，大地上到处欢歌笑语。

2. 自从那次谈判达成了协议，双方的来往越来越多。

3. 自从熊熊大火被熄灭以后，________________。

4. 自从________________，________________。

五、听一听，选择正确的应答。

1. 正确的应答是（　　）。

A. 你以前听说过。

B. 我以前听说过吗？

C. 我没听说过。

2. 正确的应答是（   ）。

A. 她用的是有颜色的石头。

B. 她用的是那些颜色的石头。

C. 她用的是红、黄、蓝、白、青这些颜色的石头。

3. 正确的应答是（   ）。

A. 你觉得不是。

B. 我觉得是。

C. 五彩的云霞不是。

六、小活动：我们学过“盘古开天地”的故事，今天又学了“女娲补天”的故事，你还知道中国的哪些神话故事？给大家讲一讲。

七、阅读短文，查字典，说一说画线词的意思。

诺亚方舟

诺亚方舟的故事出自《圣经·创世记》。故事说，上帝看到人类争斗，非常后悔，就说：“我要将所造的人和动物都从地上消灭。”上帝认为，只有诺亚是一个好人，于是选中诺亚一家作为新人类的种子，告诉他们赶紧造一只方舟。

2月17日那天，海洋裂开了，巨大的水柱从地下喷出；天上也裂开了大洞，大雨日夜不停，整整下了四十天。地上靠肺呼吸的动物都死了，只留下了方舟里的人和动物。

一年以后，洪水退了，大地干了。于是，诺亚全家和方舟里所有的生物都活了下来了。

诺亚方舟	Nuòyà Fāngzhōu	Noah's Ark
上帝	Shàngdì	God

22 普罗（luó）米修斯（sī）

很久很久以前，因为没有火，人们只能吃生的东西，只能在严寒和黑暗中度过一个又一个漫漫长 [cháng] 夜。一位名叫普罗米修斯的天神看到这种情况，决心为人类取来火种 [zhǒng]。

一天，当太阳神阿波罗驾驶着太阳车隆隆驶过时，普罗米修斯悄悄地把茴（huí）香树的枝条插进太阳车的烈焰（yàn）中，得到了火种。他小心翼翼地把火种带到人间 [jiān]，从此，人们再也不用吃生的东西，再也不用害怕严寒、黑暗和各种猛兽（měngshòu）了。

主神宙斯知道这个消息后，非常生气，决心派火神去狠狠地处罚（chǔfá）他。火神悄悄地对普罗米修斯说："只要你好好认错，还回火种，我一定请宙斯原谅（liàng）你。"普罗米修斯摇摇头，拒（jù）绝了。

火神只好用锁链（suǒliàn）把他锁在高加索的一座山崖（yá）上，让他既不能活动，也不能睡觉，日夜承受风吹雨打的痛苦。即使这样，宙斯还觉得不解 [jiě] 恨，又派了一只老鹰，天天来啄 (zhuó) 食他的肝 (gān) 脏。普罗米修斯承受着巨大的痛苦，日复一日，年复一年，但他没有屈服 (qūfú)。

普罗米修斯的壮举感动了大力神赫 (hè) 拉克 (kè) 勒 (lè) 斯。大力神来到山崖前，张弓 (gōng) 搭箭射死老鹰，接着又用巨石砸 (zá) 碎了锁链。普罗米修斯，这位敢从天上取来火种的英雄，终于获得了自由。

即使这样，宙斯还觉得不解恨，又派了一只老鹰，天天来啄食他的肝脏。

专有名词 Proper Nouns

1. 普罗米修斯	Pǔluómǐxiūsī	Prometheus
2. 宙斯	Zhòusī	Zeus
3. 高加索	Gāojiāsuǒ	Caucasus
4. 赫拉克勒斯	Hèlākèlèsī	Hercules

焰猛兽罚谅拒锁崖啄屈弓砸

1.	黑暗	hēi'àn	darkness
2.	漫漫长夜	mànmànchángyè	all the long, dark night
3.	枝条	zhītiáo	branch; twig
4.	烈焰	lièyàn	roaring flame
5.	火种	huǒzhǒng	kindling
6.	人间	rénjiān	the world; man's world
7.	猛兽	měngshòu	beast of prey
8.	狠狠	hěnhěn	ruthlessly; firmly
9.	处罚	chǔfá	punish
10.	认错	rèncuò	acknowledge a mistake; make an apology
11.	原谅	yuánliàng	forgive
12.	拒绝	jùjué	refuse; reject
13.	锁	suǒ	lock
14.	山崖	shānyá	cliff
15.	承受	chéngshòu	bear; endure
16.	解恨	jiěhèn	vent one's hatred
17.	啄	zhuó	peck
18.	屈服	qūfú	surrender; yield
19.	感动	gǎndòng	move
20.	弓	gōng	bow
21.	砸	zá	smash
22.	自由	zìyóu	freedom

练习 Exercise

一、根据课文，判断对错。

1. 自从有了火，人们再也不用吃生的东西，再也不害怕严寒、黑暗和猛兽了。（　　）
2. 宙斯知道火种被偷以后，决心派太阳神去处罚普罗米修斯。（　　）
3. 普罗米修斯被锁在高加索的一座山崖上，既不能活动，也不能睡觉，所以他屈服了。（　　）
4. 大力神先用巨石砸碎了锁链，接着又用弓箭射死了老鹰，普罗米修斯自由了。（　　）

二、辨形，注音，组词。

馅（　　）______	惊（　　）______	逐（　　）______
焰（　　）______	谅（　　）______	啄（　　）______
巨（　　）______	链（　　）______	窟（　　）______
拒（　　）______	连（　　）______	屈（　　）______

三、读一读，想一想。

漫漫长夜	狠狠处罚	拒绝认错
熊熊大火	缓缓前进	承受痛苦
嫩嫩的枝条	苦苦挣扎	获得自由
高高的山崖	偷偷逃走	感动人类

四、读一读，比较下面句子的不同。

1. **即使**他已经这么痛苦，宙斯**还**觉得不解恨，打算狠狠处罚他。

   既然他已经这么痛苦，宙斯觉得解恨了，**就**不再处罚他了。

2. **即使**老鹰天天来啄食他的肝脏，他**也**没有屈服。

   既然老鹰天天来啄食他的肝脏，他**就**只好屈服了。

3. **即使**大家原谅他一千次，我**还是**不会同意的。

   既然大家都原谅他一千次了，我**就**同意吧。

五、听对话，选择正确答案。

1. 这段对话发生在哪里？（　　）

   A. 教室　　B. 家里　　C. 医院

2. 他们在谈论什么？（　　）

   A. 插进烈焰中的枝条

   B. 以前读过的英文

   C. 普罗米修斯的故事

六、读一读，了解“奥林匹亚十二主神”的名字和特点。

奥林匹亚十二主神	名字		特点
主神	宙斯	Zeus	众神之神
海神	波塞冬	Poseidon	伟大威严
冥界之王	哈迪斯	Hades	冥界的统治者
女灶神	赫斯提亚	Hestia	随和谦让、心地善良
众神之后 宙斯之妻	赫拉	Hera	美丽、威严、安详，掌管婚姻和生育
战神	阿瑞斯	Ares	英俊、好斗、英勇顽强
智慧女神	雅典娜	Athena	雅典的保护神
光明之神	阿波罗	Apollo	英俊、快乐、聪明、阳光
爱与美之神	阿佛洛狄忒	Aphrodite	象征爱情与女性的美丽
商业之神 旅者之神	赫尔墨斯	Hermes	精力充沛
狩猎女神	阿尔忒弥斯	Artemis	自由独立，热爱户外生活
火神	赫淮斯托斯	Hephaestus	丑陋但心地善良

七、阅读短文，完成练习。

人工取火

虽然大自然中早就有了火，可最早的时候，人们刚开始看到火，不但不会用，而且非常害怕。经过多少次尝试后，人们逐渐学会用火烧东西吃，并且想办法把火种保存下来，使它长年不灭。

又过了相当长的时间，人们发现，把一块坚硬的木头在另一块硬木头上使劲地钻，就能钻出火星来；还有人用燧石（suìshí, flint）敲敲打打，也能敲出火星来。就这样，人们逐渐懂得并掌握了人工取火。

人工取火是一个了不起的发明。从那时起，人们就能随时吃到烧熟的东西，而且食物的种类也越来越多了。

1. 查词典，说一说下列词语的意思。

种类________　　长年________

尝试________　　坚硬________

保存________　　人工________

2. 结合上面的短文，说说你还知道哪些人工取火的方式。

23 阿喀琉斯（Ākāliúsī）之踵（zhǒng）

《荷（hé）马史诗》中的阿喀琉斯，是海洋女神忒（tè）提斯的儿子，也是特洛（luò）伊（yī）战争中希腊联军最伟（wěi）大的英雄。

阿喀琉斯出生后，有预言说，他将死在特洛伊战争中。忒提斯为了让自己的儿子躲（duǒ）过这可怕的预言，便捏着他的脚踵把他浸（jìn）泡在冥（míng）河水中，好让他全身刀枪（qiāng）不入，以免（miǎn）将来受伤害。遗憾的是，因为冥河水水流太急，忒提斯捏着他的脚踵不敢松手，结果，脚后跟成为阿喀琉斯全身唯（wéi）一的“死穴（xué）”。为了保护儿子，忒提斯又把他打扮成女孩儿，跟公主们一起生活。

可是，阿喀琉斯还是参加了特洛伊战争。在战斗中，他十分英勇，数次使希腊联军反败为胜。为了给朋友复仇（chóu），阿喀琉斯杀死了特洛伊王子赫克托尔（Hèkètuō'ěr），并拖着他的尸（shī）体示威（wēi）。这一下气坏了赫克托尔的

弟弟帕（pà）里斯和他的保护神阿波罗。在接下来的战斗里，他们用毒箭射中了阿喀琉斯的脚踵，阿喀琉斯倒下了，他坚强的目光好像还在为没能躲过预言中的结[jié]局而感到不安。虽然希腊联军为他举行了隆重（lóngzhòng）的葬（zàng）礼，却再也换不回他年轻的生命。

“阿喀琉斯之踵”告诉我们一个道理，那就是：再伟大的英雄也有致命的死穴或软肋（ruǎnlèi）。

忒提斯把他浸泡在冥河水中，好让他全身刀枪不入，以免将来受伤害。

专有名词 Proper Nouns

1. 阿喀琉斯	Ākāliúsī	Achilles
2. 忒提斯	Tètísī	Thetis
3. 特洛伊战争	Tèluòyī Zhànzhēng	Troy War
4. 冥河	Míng Hé	Styx
5. 赫克托尔	Hèkètuō'ěr	Hector
6. 帕里斯	Pàlǐsī	Paris
7. 阿波罗	Ābōluó	Appollo

伟	躲	枪	免	唯	穴	仇	尸	威	隆	软	肋

1.	史诗	shǐshī	epic
2.	女神	nǚshén	goddess
3.	联军	liánjūn	allied forces
4.	伟大	wěidà	great
5.	躲	duǒ	avoid; shun
6.	预言	yùyán	prophecy
7.	刀枪	dāoqiāng	arms; weapons
8.	以免	yǐmiǎn	in order to avoid; so as not to
9.	水流	shuǐliú	stream; current
10.	松手	sōngshǒu	loose
11.	脚后跟	jiǎohòugēn	heel
12.	唯一	wéiyī	unique; sole
13.	死穴	sǐxué	bane; weak point; Achilles's heel
14.	反败为胜	fǎnbàiwéishèng	turn the tables
15.	复仇	fùchóu	revenge; avenge
16.	尸体	shītǐ	corpse
17.	示威	shìwēi	demonstrate
18.	结局	jiéjú	outcome; final result
19.	隆重	lóngzhòng	grand; ceremonious
20.	致命	zhìmìng	fatal; deadly
21.	软肋	ruǎnlèi	weakness

练习 Exercise

一、根据课文，回答问题。

1.《荷马史诗》中的阿喀琉斯是谁？

2. 为什么脚后跟成为阿喀琉斯唯一的死穴？

3. “阿喀琉斯之踵”告诉了我们一个怎样的道理？

二、选字组词。

以______（免、兔）　　　　______（窿、隆）重

复______（九、仇）　　　　______（尺、尸）体

死______（穴、六）　　　　刀______（抢、枪）不入

三、排一排，读一读，注意正确使用标点符号。

1. 大家　一进校园　隆重的欢迎　就　受到了　我

______

2. 缺少耐心　学习时　是　他的　软肋

______

3. 在比赛中　迅速　抓住了　我们　唯一机会　反败为胜的

______

4. 在工作中　处理问题　是　如果这样　非常致命的

5. 这　都是　不管　一次　伟大的胜利　别人怎么说

四、照例子，用“以免”连接句子。

例：忒提斯把他浸泡在冥河水中，好让他全身刀枪不入，以免将来受伤害。

1. 你还是赶紧下来吧　掉下来摔坏了自己

2. 我们要做好最坏的打算　到时候一点儿准备也没有

3. 大家如果抓不住了就松手　受到更大的伤害

4. 咱们马上躲到山崖那边去吧　被敌人的弓箭射中

五、听短文，判断对错。

1. 特洛伊战争打了十几年。（　　）
2. 阿喀琉斯是使联军多次反败为胜的英雄。（　　）
3. 阿喀琉斯身上致命的地方是他的肋骨。（　　）

六、读一篇《荷马史诗》中的故事，说一说你有什么感想，写一篇100字左右的短文，和同学交流。

七、阅读短文，完成练习。

九色鹿

很久很久以前，有一队商人在沙漠中迷了路。这时，跑出来一只美丽的九色鹿，给他们指明了方向。王后听说了商人们的奇遇后，一心要用九色鹿美丽的皮做衣服。国王没有办法，只好贴出告示：捕获九色鹿的人重重有赏。

九色鹿给商人们指明方向后，又救了一个落水的捕蛇人。九色鹿要他别把遇见自己的事告诉别人，捕蛇人连连答应。可是，当他看到国王的告示后，还是告了密。捕蛇人假装再次落水，九色鹿赶来救他时，埋伏在周围的士兵万箭齐发。好在九色鹿用神光把箭都化成了灰烬，并向国王说明了捕蛇人见利忘义的丑行，国王非常生气。捕蛇人吓得连连后退，掉进水里淹死了。

1. 查词典，结合短文，说一说“告密”和“万箭齐发”的意思。
2. 捕蛇人是一个怎样的人？说说你自己的看法。

指明	zhǐmíng	point out
一心	yìxīn	wholeheartedly
告示	gàoshì	bulletin
埋伏	máifú	ambush
灰烬	huījìn	ashes
见利忘义	jiànlìwàngyì	forget honour at the prospect of profits
丑行	chǒuxíng	scandal

24 美猴王

相传在古代，海外有个傲来国。傲来国附近的大海中有一座山，名叫花果山，山顶上有一块仙石。一天，仙石突然裂开，从里面蹦出一只石猴。只见他五官俱（jù）全，四肢（zhī）齐备，目射金光。这石猴在山中奔跑跳跃（yuè），饿了吃草木花果，渴了喝山涧（jiàn）清水，跟其他猴子一起快乐地生活着。

一天，天气酷热，猴子们在树下玩累了，纷纷来到山涧边洗澡。有只猴子边洗边好奇地问："咦（yí），这水是从哪儿流来的？"另外一只猴子说："我们闲着也是闲着，不如沿水往上寻去，看看它的源头究竟在哪里。"众猴纷纷响应 [yìng]，寻到尽 [jìn] 头：呀，原来是一道瀑布！众猴拍手叫道："好水！好水！哪位能钻进去，出来又不伤着身体，我们就尊（zūn）他为王。"话音未（wèi）落，只见那石猴从猴群中蹦出，纵身跳进瀑布中去了。不一会儿，石猴就蹦了出来。众猴连忙把他围住，七嘴八舌地询问里边的情况。石猴答道："里边没有水，只有一座铁板(bǎn)桥。桥边绿树红花，往里还有一座大大的房子。房中有石床、石凳(dèng)、石锅(guō)、石灶(zào)、石碗、石盆，中间一块巨石，上写'花果山福地，水帘洞洞天'。真是个居住的好地方，我们都搬(bān)进去住吧！"

众猴听了，个个欢喜。于是，跟着石猴一个个跳了进去。从此以后，这石猴就自称[chēng]"美猴王"，领着群猴日游花果山，夜宿(sù)水帘洞，过着快乐自在的日子。

（根据罗贯中《西游记》改写）

我们闲着也是闲着，不如沿水往上寻去，看看它的源头究竟在哪里。

专有名词 Proper Nouns

1. 美猴王	Měihóuwáng	Monkey King
2. 傲来国	Àolái Guó	Aolai Country
3. 花果山	Huāguǒ Shān	Huaguo Mountain
4. 水帘洞	Shuǐlián Dòng	Shuilian Cave

俱	肢	跃	涧	尊	未	凳	锅	灶	搬	宿

1.	相传	xiāngchuán	according to legend
2.	俱全	jùquán	complete in all varieties
3.	四肢	sìzhī	limbs; arms and legs
4.	齐备	qíbèi	all ready; all complete
5.	跳跃	tiàoyuè	jump
6.	山涧	shānjiàn	mountain streams; mountain creeks
7.	酷热	kùrè	very hot; boiling
8.	源头	yuántóu	headwaters; headstream
9.	究竟	jiūjìng	after all; actually
10.	响应	xiǎngyìng	answer; respond to
11.	尽头	jìntóu	bottom; end
12.	尊	zūn	honor
13.	未	wèi	not yet
14.	纵身	zòngshēn	jump; leap
15.	七嘴八舌	qīzuǐbāshé	everybody talking at the same time
16.	凳	dèng	bench
17.	锅	guō	pan; pot; boiler
18.	灶	zào	kitchen stove
19.	居住	jūzhù	live
20.	搬	bān	move; shift
21.	欢喜	huānxǐ	joyful
22.	自称	zìchēng	self-proclaimed
23.	宿	sù	lodge for the night

练习 Exercise

一、熟读课文，摘抄你觉得最有意思的语句。

____

____

二、看图片，记一记。

锅　碗　瓢　盆

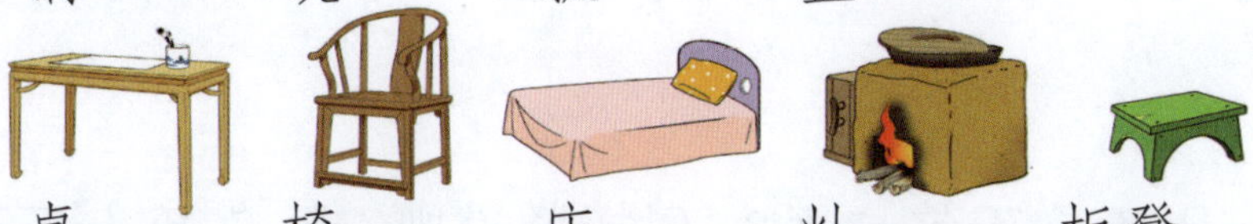

桌　椅　床　灶　板凳

柴　米　油　盐　酱　醋　茶

三、选词填空。

流传 | 相传 | 传说

1. 大家在七嘴八舌地讨论着关于美猴王的________。
2. 这个故事在中国已经________了几千年了。
3. ________这里就是《西游记》中所说的“花果山福地，水帘洞洞天”。

答应｜响应｜应付

4. 小云一开始不同意，后来终于________了。

5. 这几天事情太多，王老师一个人都________不过来了。

6. 大卫在教室里跟同学们讲了半天这个计划的好处，竟然还是没有一个人________。

四、把括号里的词放到句中合适的位置。

1. A咱们七嘴八舌地B讨论了半天，今天C是搬还是D不搬？

（究竟）______

2. 真是A有意思，石猴B没跟大家商量，就C自称为王D了。

（竟然）______

3. 你A是答应B还是不答应呢？C赶紧说吧，D急死人了。

（究竟）______

4. A想不到B，C山涧的尽头D是一道瀑布！

（竟然）______

五、听短文，回答问题。

1. 美猴王的故事来自哪里？

2. 美猴王和他师父的主要任务是什么？他们为此做了哪些努力？

六、小活动：课文用生动的文字描写了“美猴王”——孙悟空的来历。你还知道他的哪些故事？你认为美猴王最厉害的本领是什么呢？搜集材料，说说你的答案和理由。

七、对照课文，仔细阅读《西游记》中原文的相关片段，感受它们的区别。

那猴在山中，却会行走跳跃，食草木，饮涧泉，采山花，觅（mì）树果；……一朝（zhāo）天气炎热，与群猴避（bì）暑，都在松阴之下顽耍。……见那股涧水奔流，真个似滚瓜涌（yǒng）溅。古云：禽（qín）有禽言，兽有兽语。众猴都道：“这股水不知是哪里的水。我们今日赶闲无事，顺涧边往上溜头寻看源流，耍子去也！”喊一声，都拖男挈（qiè）女，唤弟呼兄，一齐跑来，顺涧爬山，直至源流之处，乃是一股瀑布飞泉。

有趣的神话传说

中国古代关于天和地的神话，除了我们刚刚学过的《女娲补天》之外，还有第五册的《盘古开天地》，它们都反映（reflect）了中国人关于天地起源（origin）的想法。此外，还有一篇《精卫填（tián, fill）海》，也很有想象力。故事说：

在一座山上，有很多柘（zhè）树。树上有一种鸟，样子像乌鸦（wūyā, crow），头上有花纹（huāwén, decorative pattern），白色的嘴，红色的脚，名字叫精卫。她本来是炎（yán）帝的女儿——女娃，不幸（unfortunately）淹死在东海中，化（change to）成了精卫。她常常衔（xián, hold in the mouth）着西山上的木石，填到东海里去。

关于人和大自然的关系，在你们国家有哪些有趣的故事呢？

综合练习二

Comprehensive Exercise II

一、将下面的汉字按声调归类。

锁 跃 熄 焰 屈 猛 昏 厚 减 驳

穴 隆 罚 冶 裂 坑 搜 竣 绑 埋

二、辨形，注音，组词。

从（　　）______　　间（　　）______　　那（　　）______

纵（　　）______　　涧（　　）______　　挪（　　）______

隆（　　）______　　肢（　　）______　　博（　　）______

窿（　　）______　　枝（　　）______　　膊（　　）______

三、读一读，记一记，弄懂加点词的意思。

开始　开通　开辟　开凿

结果　结局　结识　结束

果然　竟然　居然　固然

尽头　源头　舌头　枝头

预言　宣言　方言　誓言

四、连一连，读一读，自己再组一些。

纷纷	燃烧	扇动	汽车	孤独的	苹果
偷偷	挣扎	控制	草药	潇洒的	水鸟
苦苦	尾随	驾驶	翅膀	鲜红的	医术
熊熊	响应	搜集	感情	高超的	动作

五、选词填空。

依依不舍 | 四面八方 | 死去活来 | 欢歌笑语 | 七嘴八舌

1. 还没等老师提醒，同学们就________地讨论了起来。
2. 小龟在我________的目光中潜入水里游走了。
3. 今天我们去郊游，大家兴奋极了，车上一片________。
4. 他受的伤太厉害了，这几天一直疼得________。
5. 欢呼声从________传过来，经过英勇的战斗，我们终于胜利了。

六、读一读，选出正确的句子。

1. 我今后一定要更加细心地照顾这只小鸟，以外它受到更大的伤害。

   我今后一定要更加细心地照顾这只小鸟，以免它受到更大的伤害。

2. 即使大家都同意，那我们就赶紧行动吧，别总是等着。

   既然大家都同意，那我们就赶紧行动吧，别总是等着。

3. 自从圣诞节以后，他就好像一直躲着我，所以最近很少见到他。

   自从圣诞节以后的时候，他就好像一直躲着我，所以最近很少见到他。

七、听短文，判断对错。

1. 我们最近学的神话故事有中国的，也有外国的。（　　）
2. 我最感兴趣的是《女娲补天》，因为故事里的灾难很少。（　　）
3. 《女娲补天》的故事中有天塌地裂，但是没有熊熊大火。（　　）
4. 女娲用五彩衣补上了天上的窟窿。（　　）

八、阅读短文，完成练习。

龙宫借宝

美猴王孙悟空因为一直没有一件称心如意的兵器，心里很不高兴。于是，他决定到龙宫里去借一件。

龙王听说孙悟空来了，忙把他迎进龙宫，问："今日光临寒舍，不知有什么吩咐？"美猴王说："我一直缺少一件称心如意的兵器。听说您这里宝贝多，想跟您借一件。"

龙王不好拒绝，赶紧命手下取来一把大刀。悟空摇头说："我不喜欢用刀。"龙王又命手下抬出一根叉。悟空接过来，耍了一阵，说："轻！轻！太轻了！"龙王大吃一惊："这叉有三千六百斤重呢。"龙王再命手下抬来一根戟，说："这戟七千二百斤重，您再试试。"悟空接戟在手，耍了一会儿，往地上一竖，说："还是轻啊！"龙王更加害怕了，连连说："美猴王，我宫里只有这根戟最重，再没有更好的兵器了。"悟空笑着说："龙宫哪会没有宝贝呢？你再想办法找找。"

龙王正在想办法，龙婆悄悄地对他说："我们海里的那根定海神针……"龙王听了，连连摇手，说："他肯定扛不动。"于是就带悟空来到定海神针前，只见神针放出万道金光。悟空心里高兴，用两手抱着摇了摇，说："太粗太长了，再细些再短些才好用。"刚说完，那宝贝真的就短了几尺，细了几分。悟空高兴极了，双手抱着，又摇了摇："再细些更好。"那宝贝真的又细了几分，悟空把它拔出来一看，只见上面刻着一行字："如意金箍棒，重一万三千五百斤。"悟空大喜，开心地耍了一阵，真是称心如意。美猴王终于有了一件自己的兵器。

1. 根据上下文，推断文中加点词语的含义，再查词典验证一下。

称心如意：__________

宝贝：__________

拔：__________

2. 认真读短文，说一说美猴王都试了哪些兵器，最后结果如何。

龙宫	lónggōng	dragon king's palace
兵器	bīngqì	weapon
龙王	lóngwáng	dragon king
寒舍	hánshè	my home
手下	shǒuxià	subordinates
戟	jǐ	halberd
婆	pó	old woman
箍	gū	band

九、结合实际，写一写。

每个国家都有自己的一些神话故事或传说。你最喜欢的神话故事或传说是哪个？想一想，用自己的话把它写出来。要求语言通顺，字迹清楚，不少于200字。

十、学唱歌曲《愚公移山》。

愚公移山

韩永久　词

听起来是奇闻，讲起来是笑谈
任凭那扁担把脊背压弯，任凭那脚板把木屐磨穿
面对着王屋与太行，凭着是一身肝胆
讲起来不是那奇闻，谈起来不是笑谈
望望头上天外天，走走脚下一马平川
面对着满堂儿孙，了却了心中祈愿
望望头上天外天，走走脚下一马平川
无路难呀开路更难，所以后来人为你感叹

生字表

傲	ào	3
搬	bān	24
伴	bàn	2
扮	bàn	10
绑	bǎng	20
胞	bāo	11
堡	bǎo	15
倍	bèi	17
逼	bī	1
闭	bì	5
兵	bīng	9
驳	bó	15
膊	bó	18
捕	bǔ	6
擦	cā	3
残	cán	10
蹭	cèng	7
插	chā	15
岔	chà	19
偿	cháng	11
诚	chéng	8
承	chéng	19

仇	chóu	23
疮	chuāng	18
床	chuáng	14
锤	chuí	2
绰	chuò	14
粗	cū	20
簇	cù	4
催	cuī	1
存	cún	6
登	dēng	9
凳	dèng	24
敌	dí	9
弟	dì	3
叼	diāo	6
鼎	dǐng	11
冻	dòng	8
抖	dǒu	9
陡	dǒu	19
斗	dòu	10
毒	dú	18
独	dú	13
缎	duàn	14

塌	tā	15	牺	xī	10
叹	tàn	10	悉	xī	20
梯	tī	1	惜	xī	8
添	tiān	12	熄	xī	21
田	tián	21	狭	xiá	2
舔	tiǎn	5	陷	xiàn	20
痛	tòng	7	详	xiáng	1
途	tú	9	潇	xiāo	13
退	tuì	20	歇	xiē	5
挖	wā	3	凶	xiōng	15
顽	wán	11	兄	xiōng	3
莞	wǎn	4	穴	xué	23
汪	wāng	7	训	xùn	6
威	wēi	23	迅	xùn	5
围	wéi	2	崖	yá	22
唯	wéi	23	严	yán	8
伟	wěi	23	焰	yàn	22
未	wèi	24	仰	yǎng	8
吻	wěn	7	冶	yě	21
卧	wò	14	依	yī	14
屋	wū	4	漪	yī	13
吾	wú	8	吟	yín	12

词语表

安全	ānquán	safe; secure; safety; security	6
按	àn	push down	18
傲慢	àomàn	arrogant	3
摆布	bǎibù	order about	18
搬	bān	move; shift	24
伴	bàn	accompany	14
绑	bǎng	tie	20
包含	bāohán	include	4
报纸	bàozhǐ	newspaper	1
背	bèi	back	6
倍	bèi	times	17
奔	bèn	rush	6
笨重	bènzhòng	heavy	20
逼真	bīzhēn	lifelike	1
比画	bǐhua	gesticulate	6
闭	bì	close	5
便	biàn	then	12
表现	biǎoxiàn	performance	2
并	bìng	actually	1
并排	bìngpái	be side by side	20
补充	bǔchōng	supplement	11
捕获	bǔhuò	capture	6

不安	bù'ān	uneasy	18
不光	bùguāng	not only	1
不好意思	bù hǎoyìsi	sorry	5
不假思索	bùjiǎsīsuǒ	(act, respond etc.) without hesitation	2
不见得	bújiàndé	not necessarily	3
不愧	búkuì	deserving the title	11
部署	bùshǔ	arrange	11
擦洗	cāxǐ	clean; polish	3
才子	cáizǐ	gifted scholar	12
残酷	cánkù	cruel	10
草药	cǎoyào	herbal medicine	18
蹭	cèng	rub	7
插	chā	stick in; insert	15
岔道	chàdào	side road	19
车辆	chēliàng	vehicle	17
车轮	chēlún	wheel	17
沉没	chénmò	sink	20
沉思	chénsī	contemplate	18
成功	chénggōng	successful	2
诚实	chéngshí	honest	8
承担	chéngdān	undertake	19
承受	chéngshòu	bear; endure	22

城堡	chéngbǎo	castle	15
吃惊	chījīng	surprise	4
重修	chóngxiū	repair	20
出口	chūkǒu	take the words out of one's mouth	2
处罚	chǔfá	punish	22
窗户	chuānghu	window	4
床	chuáng	bed	14
闯祸	chuǎnghuò	get into trouble	14
锤	chuí	hammer	2
绰号	chuòhào	nickname	14
从军	cóngjūn	join the army	10
粗	cū	wide	20
催	cuī	urge	1
答应	dāying	promise	14
达成	dáchéng	reach (agreement)	11
打扮	dǎban	dress up	10
大汉	dàhàn	big / hefty man	18
大军	dàjūn	main forces	9
大力士	dàlìshì	a man of unusual strength	20
大名鼎鼎	dàmíngdǐngdǐng	one's name is known far and wide; famous	11
大夫	dàifu	doctor	18

担任	dānrèn	serve as	19
当仁不让	dāngrénbúràng	not pass on to others what one is called upon to do	11
刀枪	dāoqiāng	arms; weapons	23
道别	dàobié	say goodbye and leave	13
得	dé	get(the prize)	1
得不偿失	débùchángshī	to loss outweighs the gain	11
登	dēng	climb	9
凳	dèng	bench	24
滴溜溜	dīliūliū	round and round	7
敌人	dírén	enemy	9
地位	dìwèi	position	4
叼	diāo	hold in the mouth	6
懂得	dǒngde	understand	1
动静	dòngjing	activity	5
动土	dòngtǔ	plough	16
动物	dòngwù	animal	7
冻	dòng	freeze	8
陡坡	dǒupō	steep	19
毒疮	dúchuāng	noxious sore	18
端详	duānxiáng	look carefully	1
断	duàn	be broken	20

缎子	duànzi	satin	14
堆	duī	mound	15
对	duì	bring (two things) into contact	12
对答如流	duìdárúliú	answer fluently	12
对联	duìlián	antithetical couplet/ rhyming couplet, written vertically down the side of a doorway	12
躲	duǒ	avoid; shun	23
耳朵	ěrduo	ear	5
发抖	fādǒu	tremble	9
发生	fāshēng	happen	11
发誓	fāshì	swear	5
番	fān	measure word for actions, deeds, etc.	5
反败为胜	fǎnbàiwéishèng	turn the tables	23
反驳	fǎnbó	refute; confute	15
房东	fángdōng	landlord	4
纺	fǎng	spin	12
放羊	fàngyáng	herd sheep	6
飞舞	fēiwǔ	flutter; dance in the air	13
费	fèi	spend	21
分别	fēnbié	leave each other	7
分别	fēnbié	respectively	19

吩咐	fēnfù	tell; instruct	16
纷纷	fēnfēn	numerous and confused	20
粉红	fěnhóng	pink	8
缝	fèng	seam; crack; crevice; fissure	7
扶	fú	hold up	10
浮	fú	float	20
抚养	fǔyǎng	raise	7
复仇	fùchóu	revenge; avenge	23
干净	gānjìng	clean	3
赶紧	gǎnjǐn	without delay	5
感动	gǎndòng	move	22
感慨	gǎnkǎi	sigh with emotion	9
高超	gāochāo	excellent	18
胳膊	gēbo	arm	18
跟前	gēnqián	in front of	5
跟着	gēnzhe	follow	10
弓	gōng	bow	22
攻打	gōngdǎ	attack	15
拱	gǒng	arch	5
孤独	gūdú	lonely	13
谷粒	gǔlì	grains	8
鼓掌	gǔzhǎng	applaud	1

固然	gùrán	to be sure; of course	16
灌	guàn	pour	2
光滑	guānghuá	smooth	7
光洁	guāngjié	polished; spotless	3
龟	guī	tortoise; turtle	13
棍	gùn	stick	17
锅	guō	pan; pot; boiler	24
过节	guòjié	celebrate a festival	16
海外	hǎiwài	overseas	11
好久	hǎojiǔ	quite a long time	2
黑暗	hēi'àn	darkness	22
狠狠	hěnhěn	ruthlessly; firmly	22
横扫	héngsǎo	sweep away	9
轰炸	hōngzhà	bomb	15
洪水	hóngshuǐ	flood	20
厚	hòu	thick	19
花团锦簇	huātuánjǐncù	a mass of blossoms, describes a colorful and splendorous scene	4
怀抱	huáibào	embrace	13
欢蹦乱跳	huānbèngluàntiào	be healthy and vivacious	8
欢歌笑语	huāngēxiàoyǔ	happy singing and cheerful talking	21

欢呼	huānhū	cheer	13
欢喜	huānxǐ	joyful	24
缓	huǎn	slowly	19
患难	huànnàn	trials and tribulations	5
荒	huāng	waste	16
灰雀	huīquè	bullfinch	8
汇	huì	converge	4
昏睡	hūnshuì	be in a lethargic state	18
火药	huǒyào	powder	15
火种	huǒzhǒng	kindling	22
伙伴	huǒbàn	partner; companion	15
或者	huòzhě	or	8
获得	huòdé	gain	2
激动	jīdòng	excited	2
即	jí	that is	17
脊梁	jǐliáng	spine; back	4
计划	jìhuà	plan	19
系	jì	tie	2
既然	jìrán	since	11
加快	jiākuài	accelerate	6
价值	jiàzhí	value; worth	3
驾	jià	drive	17

驾驶	jiàshǐ	drive	15
坚定	jiāndìng	firm	8
坚强	jiānqiáng	strong	10
间	jiān	between	17
肩膀	jiānbǎng	shoulder	14
艰巨	jiānjù	arduous	19
艰难	jiānnán	difficult	9
减少	jiǎnshǎo	reduce	20
建造	jiànzào	build; make; construct	15
讲述	jiǎngshù	tell about	6
奖赏	jiǎngshǎng	award	10
郊外	jiāowài	suburbs	8
骄傲	jiāo'ào	pride	3
焦急	jiāojí	anxious	9
脚后跟	jiǎohòugēn	heel	23
教育	jiàoyù	education	2
接待	jiēdài	receive	7
结局	jiéjú	outcome; final result	23
截	jié	section	12
解恨	jiěhèn	vent one's hatred	22
借用	jièyòng	borrow	12
尽头	jìntóu	bottom; end	24

进度	jìndù	speed of progress	19
近代	jìndài	modern	19
惊奇	jīngqí	wonder	12
精确	jīngquè	accurate	17
精心	jīngxīn	meticulously	7
境界	jìngjiè	state, horizon things reach or get to	4
究竟	jiūjìng	after all; actually	24
居然	jūrán	unexpectedly	16
居住	jūzhù	live	24
拒绝	jùjué	refuse; reject	22
俱全	jùquán	complete in all varieties	24
觉察	juéchá	perceive	5
军队	jūnduì	armed forces	9
军事家	jūnshìjiā	strategist	11
军装	jūnzhuāng	military uniform	10
竣工	jùngōng	be completed	19
开辟	kāipì	open up	16
开凿	kāizáo	dig	19
砍	kǎn	cut	12
可贵	kěguì	valuable; precious	16
可惜	kěxī	unfortunately	8
课题	kètí	topic	17

坑	kēng	pit	21
空地	kòngdì	vacant lot	16
控制	kòngzhì	control	14
窟窿	kūlong	hole; hollow	21
苦苦	kǔkǔ	hard; painfully	21
酷热	kùrè	very hot; boiling	24
跨	kuà	straddle	20
捆	kǔn	tie	18
来不及	láibují	there is not enough time to do something	1
来往	láiwǎng	come and go	17
拦	lán	stop	17
狼	láng	wolf	6
捞	lāo	dredge up	20
劳动	láodòng	work	10
牢	láo	firm	20
老实	lǎoshi	honest	18
类似	lèisì	similar	17
理会	lǐhuì	pay attention to	3
力气	lìqi	strength; effort	21
连接	liánjiē	connect	4
涟漪	liányī	ripple	13

联军	liánjūn	allied forces	23
恋恋不舍	liànliànbùshě	be reluctant to part with	7
量	liáng	measure	17
列车	lièchē	train	19
烈焰	lièyàn	roaring flame	22
裂	liè	split; crack	21
零星	língxīng	fragmentary	21
另外	lìngwài	in addition	5
留心	liúxīn	be careful	18
隆重	lóngzhòng	grand; ceremonious	23
楼梯	lóutī	stairs	1
罗列	luóliè	list	17
落花生	luòhuāshēng	peanut	16
麻醉剂	mázuìjì	anaesthetic	18
埋	mái	cover; bury	16
满意	mǎnyì	satisfy	1
漫漫长夜	mànmànchángyè	all the long, dark night	22
冒	mào	emit; give off	21
美观	měiguān	beautiful; artistic	3
闷	mèn	stuffy; depressed	3
猛兽	měngshòu	beast of prey	22
梦乡	mèngxiāng	dreamland	7

密林	mìlín	thick forest	9
妙	miào	wonderful	1
民族	mínzú	nation	4
命令	mìnglìng	order	10
莫大	mòdà	utterly; extremely	7
母亲	mǔqīn	mother	10
目光	mùguāng	gaze	14
耐人寻味	nàirénxúnwèi	meaningful and thought-provoking	4
耐心	nàixīn	patient	13
男人	nánrén	man	6
难得	nándé	rare; seldom	16
难过	nánguò	sad	7
难受	nánshòu	feel bad	3
脑筋	nǎojīn	brains	1
嫩绿	nènlǜ	light green	16
泥土	nítǔ	soil; mud	3
念	niàn	read aloud	12
挪动	nuódòng	move	17
女扮男装	nǚbànnánzhuāng	a woman who disguised herself as a man	10
女神	nǚshén	goddess	23
趴	pā	lie on one's stomach	1

佩服	pèifú	admire	12
盆	pén	basin	21
碰撞	pèngzhuàng	hit; collide	3
批评	pīpíng	criticize	14
评奖	píngjiǎng	decide on awards through discussion	1
瓶子	píngzi	bottle	2
泼	pō	spill; splash	21
颇	pō	very; quite	4
七嘴八舌	qǐzuǐbāshé	everybody talking at the same time	24
妻子	qīzi	wife	13
齐备	qíbèi	all ready; all complete	24
奇才	qícái	prodigy	12
奇丽	qílì	exotic	4
奇特	qítè	peculiar	4
骑	qí	ride	10
起劲	qǐjìn	vigorous	1
谦虚	qiānxū	modest	3
前进	qiánjìn	advance	9
潜入	qiánrù	dive into	20
巧	qiǎo	deft	12
亲手	qīnshǒu	personally	15
轻蔑	qīngmiè	distain	3

轻松	qīngsōng	relaxed	6
屈服	qūfú	surrender; yield	22
取得	qǔdé	acquire	9
全部	quánbù	whole	12
全身	quánshēn	the whole body	9
泉水	quánshuǐ	spring	21
缺少	quēshǎo	lack; be short of	21
确实	quèshí	indeed	3
燃烧	ránshāo	burn	21
惹	rě	cause	8
人间	rénjiān	the world; man's world	22
认错	rèncuò	acknowledge a mistake; make an apology	22
任何	rènhé	any; whatever	4
日子	rìzi	day	5
如实	rúshí	truthfully; according to the facts	2
乳牙	rǔyá	baby teeth	7
软肋	ruǎnlèi	weakness	23
山顶	shāndǐng	peak	9
山沟	shāngōu	ravine	6
山涧	shānjiàn	mountain streams; mountain creeks	24
山势	shānshì	mountain features	19

山崖	shānyá	cliff	22
山野	shānyě	mountains and fields	5
扇动	shāndòng	flap	13
善于	shànyú	be good at	14
伤害	shānghài	hurt	14
商量	shāngliang	discuss to consult	15
尚书	shàngshū	minister in the Ming and Qing dynasties	12
折	shé	snap	18
射	shè	emit	21
深渊	shēnyuān	abyss	9
神气	shénqì	manner	3
神童	shéntóng	child prodigy	12
神医	shényī	highly skillful doctor	18
生存	shēngcún	survive	6
胜利	shènglì	win	9
尸体	shītǐ	corpse	23
施工	shīgōng	carry out a construction project	19
石榴	shíliu	pomegranate	16
实在	shízài	indeed; really	16
食品	shípǐn	food	16
史诗	shǐshī	epic	23

使	shǐ	make	19
使劲	shǐjìn	exert all one's strength	20
士兵	shìbīng	soldier	9
示威	shìwēi	demonstrate	23
市场	shìchǎng	market	13
似的	shìde	like; as…as; as if	6
视野	shìyě	vision	6
收获	shōuhuò	harvest	16
手术	shǒushù	operation	18
手提包	shǒutíbāo	handbag	2
首先	shǒuxiān	first	5
梳	shū	comb	10
熟悉	shúxi	be familiar with	20
拴	shuān	tie	20
双方	shuāngfāng	both sides	11
水流	shuǐliú	stream; current	23
水鸟	shuǐniǎo	waterfowl	13
水手	shuǐshǒu	seaman	20
水汪汪	shuǐwāngwāng	watery	7
水性	shuǐxìng	swimming ability	20
吮吸	shǔnxī	suck	7
思乡	sīxiāng	homesick	4

死去活来	sǐqùhuólái	hover between life and death	18
死穴	sǐxué	bane; weak point; Achilles' heel	23
四面八方	sìmiànbāfāng	from all sides; all around	15
四肢	sìzhī	limbs; arms and legs	24
松手	sōngshǒu	loose	23
搜集	sōují	collect	18
苏醒	sūxǐng	wake up	18
宿	sù	lodge for the night	24
算是	suànshì	considered to be	4
隧道	suìdào	tunnel	19
损失	sǔnshī	lose	11
缩	suō	draw back	13
缩短	suōduǎn	shorten	19
所	suǒ	measure word used for house, school, hospital and so on	2
锁	suǒ	lock	22
塌	tā	collapse; fall down	15
谈判	tánpàn	negotiations	11
叹气	tànqì	sigh	10
提出	tíchū	put forward	11
提早	tízǎo	do something in advance	19
天性	tiānxìng	nature	4

天子	tiānzǐ	the emperor	10
添	tiān	add	12
田野	tiányě	field; open country	21
舔	tiǎn	lick	5
挑战	tiǎozhàn	challenge	11
跳跃	tiàoyuè	jump	24
铁路	tiělù	railway	19
停止	tíngzhǐ	stop	6
同伴	tóngbàn	companion	2
同胞	tóngbāo	sibling; compatriot	11
同样	tóngyàng	same	17
痛苦	tòngkǔ	pain	7
偷偷	tōutōu	stealthily; secretly	14
投	tóu	fit in with	13
推算	tuīsuàn	calculate	17
退	tuì	back	20
脱落	tuōluò	drop; fall off	7
挖	wā	dig	3
外地	wàidì	nonlocal; other places	14
顽强	wánqiáng	indomitable	11
莞尔	wǎn’er	with a smiling air	4
往往	wǎngwǎng	often; be apt to	1

忘记	wàngjì	forget	15
微风	wēifēng	breeze	13
为止	wéizhǐ	be up to	7
围	wéi	circle	2
围困	wéikùn	besiege	21
围墙	wéiqiáng	wall	15
唯一	wéiyī	unique; sole	23
伟大	wěidà	great	23
尾随	wěisuí	tail	14
未	wèi	not yet	24
吻	wěn	kiss	7
卧室	wòshì	bedroom	14
屋子	wūzi	house	4
无影无踪	wúyǐngwúzōng	vanish or disappear without a trace	3
五彩	wǔcǎi	multicoloured; colourful	21
牺牲	xīshēng	sacrifice oneself	10
熄灭	xīmiè	extinguish; go out	21
细心	xìxīn	careful; attentive	14
狭小	xiáxiǎo	narrow	2
狭窄	xiázhǎi	narrow	9
下巴	xiàba	chin; the lower jaw	14
鲜红	xiānhóng	bright red	16

显得	xiǎnde	seem as	1
陷	xiàn	get stuck	20
相传	xiāngchuán	according to legend	24
相对	xiāngduì	opposite	12
相间	xiāngjiàn	alternate with	17
相提并论	xiāngtíbìnglùn	mention in the same breath; place on a par with	3
响动	xiǎngdòng	noise	5
响应	xiǎngyìng	answer; respond to	24
项	xiàng	item	19
潇洒	xiāosǎ	elegant and unconventional	13
歇息	xiēxi	rest	5
协议	xiéyì	agreement	11
行进	xíngjìn	process	9
行军	xíngjūn	(of troops) march	10
形影不离	xíngyǐngbùlí	be inseparable	5
凶狠	xiōnghěn	fierce and malicious	15
兄弟	xiōngdi	brothers	3
胸脯	xiōngpú	chest	8
熊熊	xióngxióng	flaming; blazing	21
修建	xiūjiàn	construct	19
学士	xuéshì	scholar	12

训练	xùnliàn	train	6
迅速	xùnsù	quickly	5
严寒	yánhán	cold	8
沿途	yántú	on the way	9
演算	yǎnsuàn	calculus	17
央求	yāngqiú	beg; plead	13
仰望	yǎngwàng	look up at	8
养病	yǎngbìng	recuperate	8
要求	yāoqiú	require, ask for	2
摇动	yáodòng	shake	7
冶炼	yěliàn	smelt	21
液体	yètǐ	liquid	21
一个劲儿	yígejìnr	continuously	7
一刻	yíkè	the moment	7
一生	yìshēng	lifetime	19
医术	yīshù	medical skill	18
依依不舍	yīyībùshě	be reluctant to part	14
以防	yǐfáng	in case	14
以免	yǐmiǎn	in order to avoid; so as not to	23
以为	yǐwéi	think, be under the impression	5
异口同声	yìkǒutóngshēng	a group of people say or answer with one voice or as one man	2

吟	yín	chant	12
吟唱	yínchàng	chant; sing	13
迎面	yíngmiàn	head on; face to face	6
影子	yǐngzi	shadow	12
勇敢	yǒnggǎn	brave	10
勇士	yǒngshì	warrior	15
用具	yòngjù	articles for use	10
预料	yùliào	predict	14
预言	yùyán	prophecy	23
原谅	yuánliàng	forgive	22
原先	yuánxiān	original	19
源头	yuántóu	headwaters; headstream	24
砸	zá	smash	22
栽种	zāizhòng	plant	4
赞赏	zànshǎng	appreciate; admire	15
灶	zào	kitchen stove	24
则	zé	then	6
责怪	zéguài	blame	14
榨	zhà	squeeze; press	16
战场	zhànchǎng	battlefield	11
战斗	zhàndòu	fight	10
战士	zhànshì	soldier	10

战争	zhànzhēng	war	11
招呼	zhāohu	notify	14
照料	zhàoliào	take care of	7
折	zhé	fold	17
针对	zhēnduì	be aimed at	11
真切	zhēnqiè	real; genuine	4
震惊	zhènjīng	shock	9
征兵	zhēngbīng	conscript	10
挣扎	zhēngzhá	struggle	18
睁	zhēng	open	5
正好	zhènghǎo	just right	1
正门	zhèngmén	front door/gate	12
支吾	zhīwu	prevaricate to stall or to respond vaguely	8
枝条	zhītiáo	branch; twig	22
枝头	zhītóu	top of a branch	8
直径	zhíjìng	diameter	17
殖民地	zhímíndì	colony	11
至今	zhìjīn	up to now	14
致力	zhìlì	be devoted to	17
致命	zhìmìng	fatal; deadly	23
致谢	zhìxiè	extend thanks to	13

周围	zhōuwéi	surrounding	3
珠算	zhūsuàn	counting with an abacus	17
住嘴	zhùzuǐ	shut up	3
筑	zhù	build	15
转眼	zhuǎnyǎn	happen in a flash	15
壮举	zhuàngjǔ	magnificent feat	9
准	zhǔn	aim at	21
啄	zhuó	peck	22
自称	zìchēng	self-proclaimed	24
自由	zìyóu	freedom	22
纵横	zònghéng	vertical and horizontal	17
纵身	zòngshēn	jump; leap	24
醉	zuì	drunk	18
尊	zūn	honor	24
做人	zuòrén	conduct oneself	16

基本句

1. 她高兴不光因为得奖，还因为懂得了爸爸讲的那个道理。
2. 他先把瓶子放在地上，再把三个小铅锤分给三个学生，然后要求他们拿着绳子，围成一圈儿，先后把铅锤放到瓶子里。
3. 说到盛东西，我不见得比你差。
4. 宇宙间美的东西很多，花在其中占重要的地位。
5. 其中一个人首先站了起来，迅速爬上了大树。
6. 大狼就把小羊交给了小狼，让小狼驮着，自己则轻松地跟在后面。
7. 之后，它恋恋不舍地向森林走去，一边不住地回过头来看我，直到我们互相看不见了为止。
8. 那一定是飞走了或者是冻死了。
9. 尽管沿途有不少士兵和马、大象倒下，但是大家都很坚定。
10. 天子问木兰愿意不愿意当官，木兰说她不愿意。
11. 战争又开始了，皮洛士果然又打败了罗马人。
12. 据说，他六七岁就能吟诗作对，人们都称他为“神童”。
13. 儿子听我这么说，便央求我们带着小龟去找它的爸爸妈妈。
14. 夏天的傍晚，我常常睡在石榴树旁，把床头挨着它的卧室，以防有野东西伤害它。

15. 那时候，连我也忘记了她就是我的妈妈啊！

16. 让它荒着可惜，既然你们爱吃花生，就开辟出来种花生吧。

17. 那个时候的数学演算，主要通过纵横相间地罗列小木棍，用类似珠算的方法来进行计算。

18. 那个小孩儿疼得又哭又叫，又蹦又跳。

19. 原先推的火车头拉，原先拉的火车头推，使列车折向西北前进。

20. 又请熟悉水性的人，带了很粗的绳子潜到水底，把绳子的一头牢牢地拴住铁牛，另一头绑在两只大船之间的架子上。

21. 自从女娲创造了人类，大地上到处欢歌笑语，人们过着快乐幸福的生活。

22. 即使这样，宙斯还觉得不解恨，又派了一只老鹰，天天来啄食他的肝脏。

23. 忒提斯把他浸泡在冥河水中，好让他全身刀枪不入，以免将来受伤害。

24. 我们闲着也是闲着，不如沿水往上寻去，看看它的源头究竟在哪里。

致作者

本册教材从多种渠道选材，有些选文或选段因发表时间较久，作者姓名不详，故部分选文或选段未署作者的姓名，请谅解。我们恳请这些作者和我们联系，以便保障您的合法权益。

人民教育出版社 课程教材研究所

汉语课程教材研究开发中心

2017年6月